사도신경

The Apostles' Creed

전능하사 천지를 만드신 하나님 아버지를 내가 믿사오며,

그 외아들 우리 주 예수 그리스도를 믿사오니,

이는 성령으로 잉태하사 동정녀 마리아에게 나시고,

'본디오 빌라도'에게 고난을 받으사,

십자가에 못박혀 죽으시고,

장사한 지 사흘 만에 죽은 자 가운데서 다시 살아나시며,

하늘에 오르사, 전능하신 하나님 우편에 앉아 계시다가,

저리로서 산 자와 죽은 자를 심판하러 오시리라.

성령을 믿사오며, 거룩한 교회와,

성도가 서로 교통하는 것과,

죄를 사하여 주시는 것과, 몸이 다시 사는 것과,

영원히 사는 것을 믿사옵나이다.

아멘!

손끝에서 피어나는

교회 섬김과 믿음에 관한 이야기

바울서신과 일반서신(I)

따라쓰기

Hand Copying Scriptures

손끝에서 피어나는
교회 섬김과 믿음에 관한 이야기

바울서신과 일반서신(I)
따라쓰기

데살로니가전후서, 디모데전후서
디도서, 히브리서, 야고보서

Hand Copying Scriptures

개역개정

시작한 날 . . .

마 친 날 . . .

따라 쓴 이

요단
JORDAN
PRESS

"감독은 하나님의 청지기로서 책망할 것이 없고 제 고집대로 하지 아니하며 급히 분내지 아니하며 술을 즐기지 아니하며 구타하지 아니하며 더러운 이득을 탐하지 아니하며 오직 나그네를 대접하며 선행을 좋아하며 신중하며 의로우며 거룩하며 절제하며 미쁜 말씀의 가르침을 그대로 지켜야 하리니 이는 능히 바른 교훈으로 권면하고 거슬러 말하는 자들을 책망하게 하려 함이라" | 딛 1:7-9 |

"믿음으로 에녹은 죽음을 보지 않고 옮겨졌으니 하나님이 그를 옮기심으로
다시 보이지 아니하였느니라 그는 옮겨지기 전에 하나님을 기쁘시게 하는 자라 하는
증거를 받았느니라 믿음이 없이는 하나님을 기쁘시게 하지 못하나니
하나님께 나아가는 자는 반드시 그가 계신 것과 또한 그가 자기를 찾는 자들에게
상 주시는 이심을 믿어야 할지니라" | 히 11:5-6 |

손끝에서 피어나는 교회 섬김과 믿음에 관한 이야기

바울서신과 일반서신(I) 따라쓰기표

31일 동안 따라쓰기

일차	본문	√	일차	본문	√
1	데살로니가전서 1장	☐	20	히브리서 1장	☐
2	데살로니가전서 2장	☐	21	히브리서 2장	☐
3	데살로니가전서 3장	☐	22	히브리서 3장	☐
4	데살로니가전서 4장	☐	23	히브리서 4장	☐
5	데살로니가전서 5장	☐	24	히브리서 5장	☐
6	데살로니가후서 1장	☐	25	히브리서 6장	☐
7	데살로니가후서 2장	☐	26	히브리서 7장	☐
8	데살로니가후서 3장	☐	27	히브리서 8장	☐
9	디모데전서 1장	☐	28	히브리서 9장	☐
10	디모데전서 2장	☐	29	히브리서 10장	☐
11	디모데전서 3장	☐	30	히브리서 11장	☐
12	디모데전서 4장	☐	31	히브리서 12장	☐
13	디모데전서 5장	☐	32	히브리서 13장	☐
14	디모데후서 1장	☐	33	야고보서 1장	☐
15	디모데후서 2장	☐	34	야고보서 2장	☐
16	디모데후서 3장	☐	35	야고보서 3장	☐
17	디도서 1장	☐	36	야고보서 4장	☐
18	디도서 2장	☐	37	야고보서 5장	☐
19	디도서 3장	☐			

· 손끝에서 피어나는 교회 섬김과 믿음에 관한 이야기 ·

활용법 일러두기

1. 성경 본문에 대한 이해를 돕기 위해 간단한 해설을 수록하였습니다.
2. 37일 동안 따라 쓸 수 있도록 일정표를 제시하였습니다.
3. 성경책 없이도 언제 어디서나 따라 쓸 수 있도록 성경 본문을 함께 제공하였습니다.
4. 매일 한 장씩 기도하면서 성경 본문을 따라 쓰면 확실한 이해와 더 깊이 있는 묵상을 경험할 수 있습니다.

· 손끝에서 피어나는 교회 섬김과 믿음에 관한 이야기 ·

한 눈에 이해하는 바울서신과 일반서신(I) 개관

데살로니가전후서, 디모데전후서, 디도서, 히브리서, 야고보서를 알아봅시다.

❶ 데살로니가전서

저자 바울

저작연대 A.D 51~53년경

수신자 데살로니가교회

기록장소 고린도

기록목적

박해 속에서도 믿음을 이어 나가고 있는 데살로니가교회를 격려하고, 잘

못된 종말론을 바로잡아 끝까지 하나님을 기쁘시게 하는 성도의 삶을 살아가도록 권면하기 위해 기록했다.

주요개요

종말에 관해 바르게 이해하여 핍박과 환란 중에도 하나님의 뜻 대로 하나님이 기뻐하시는 삶을 살 것을 교훈하고 있다. 이 과정에서 평강의 하나님이 성도를 온전히 거룩하게 하며 주님 다시 오실 때까지 흠 없이 보전시켜 주신다는 말로 격려한다.

내용분해

1. 인사와 감사(1:1~10)
2. 데살로니가에서의 바울의 사역과 교회 사랑(2:1~3:13)
3. 하나님을 기쁘시게 하는 삶(4:1-12)
4. 종말에 대한 교훈(4:13-5:11)
5. 마지막 권면(5:12-28)

❷ 데살로니가후서

저자 바울

저작연대 A.D 51~53년경

수신자 데살로니가교회

기록장소 고린도

기록목적

박해 속에서도 믿음을 이어 나가고 있는 데살로니가교회를 격려하고, 잘못된 종말론을 바로잡아 끝까지 하나님을 기쁘시게 하는 성도의 삶을 살아가도록 권면하기 위해 기록했다.

주요개요

첫번째 편지에 당부한 바울의 가르침이 지켜지고 있음에 감사하며 지속적으로 바른 교훈과 믿음에 붙들려 있어 하나님께 영광을 돌릴 것을 격려한다. 또한 교회 혼란의 주요 내용이 되었던 주님의 재림에 관한 바른 가르침을 전하고 주님을 맞이하는 그리스도인의 바른 삶의 태도를 가르친다.

내용분해

1. 핍박받는 성도들에 대한 격려(1:1-12)
2. 그리스도의 재림에 관한 가르침(2:1-17)
3. 교인들을 위한 권면(3:1-15)
4. 맺는 말(3:16-18)

❸ 디모데전서

저자 바울

저작연대 A.D 62년경

수신자 디모데

기록장소 빌립보

기록목적

바울은 디모데에게 거짓 교사들과 타협하지 말고 교회의 순수성을 지키고, 구약과 바울의 가르침에 기초하여 진리를 수호하라고 권면한다. 기독교 지도자로서 어떻게 행동하고, 어떤 지도자를 세워야 하는지를 가르치고 있다.

주요개요

기독교 공동체의 자질에 대해 구체적으로 제시한다. 기독교 지도자는 무엇보다 일관된 도덕성과 고결함을 유지하면서, 진리에 충성되며, 온전히 그리스도를 따르는 본이 되어야 한다.

내용분해

1. 인사말(1:1-2)
2. 거짓 교훈에 대한 경계(1:3-11)
3. 주의 은혜가 바울에게 넘치도록 풍성함(1:12-17)
4. 바울이 디모데에게 교훈을 주는 목적(1:18-20)

5. 교회의 행정에 관한 지침들(2:1-3:16)

6. 거짓 교훈을 다루는 방법(4:1-16)

7. 교회 내의 여러 계층에 관한 지침(5:1-6:2)

8. 기타 문제에 대한 지침(6:3-19)

9. 마지막 당부(6:20-21)

❹ 디모데후서

저자 바울

저작연대 A.D 62년경

수신자 디모데

기록장소 로마

기록목적

바울이 자신의 사역 여정이 끝나감을 알고, 동역자이자 제자인 디모데가 바울에게 배운 그리스도에 관한 진리에 충성하고, 계속해서 다른 사람들에게 가르치는 일을 하라고 격려하기 위해 기록했다.

주요개요

디모데의 소심한 성격과 연약한 육체에 대한 조언과 함께 맡겨진 사명을 끝까지 완수하도록 격려한다. 먼저 그리스도의 좋은 군사가 되고, 충성된 사람들에게 복음 사명을 계속해서 가르쳐 전수할 것을 당부한다.

내용분해

1. 바른 교훈을 지킬 것(1:1-18)

2. 바른 교훈을 가르칠 것(2:1-26)

3. 바른 교훈에 거할 것(3:1-17)

4. 바른 교훈을 전파할 것(4:1-22)

❺ 디도서

저자 바울

저작연대 A.D 63-65년 사이

수신자 디도

기록장소 마게도냐

기록목적

그레데 섬 사역을 통해 생겨난 그리스도인 공동체의 지도자를 가르치는 사명을 맡은 디도를 격려하고 지도하기 위해 기록했다.

주요개요

교회 지도자를 세우는 자격, 거짓교사들의 폐해, 그리스도인 가정의 삶과 예수님을 주님으로 모시는 실제적인 방법을 제시한다. 바울은 그리스도인이 다르게 사는 이유는 하나님의 능력으로 변화되었기 때문이라고 말한다.

내용분해

1. 교회 행정에 관한 지시(1:1-16)
2. 교회 각층에 대한 교훈(2:1-15)
3. 사회 생활에 관한 교훈(3:1-15)

❻ 히브리서

저자 미상

저작연대 A.D 64-67년 사이

수신자 유대계 그리스도인

기록장소 미상

기록목적

점점 심해지는 박해를 피하기 위해 유대교의 의례와 예식으로 돌아가려는 신자들에게 예수 그리스도의 우월성과 대제사장직의 영원성을 강조하며 믿음의 확신과 소망 가운데 인내하며 나아가도록 격려하기 위해 기록했다.

주요개요

예수님은 만물과 만인보다 즉, 구약의 선지자, 천사, 모세, 이스라엘의 제사장보다 뛰어나신 분이시다. 예수님은 사역을 통해 옛 언약이 성취되고 새 언약을 주셨고, 십자가 위에서 영원한 단 한 번의 제사로 구약 제사를 완결하셨으며, 영원한 제사장으로 하나님 우편에서 우리를 위해 중보하고 계신다. 그리고 믿음의 영웅들을 언급하면서 독자들에게 끝까지 믿음을 지칠 것을 격려한다.

내용분해

1. 서언(1:1-4)
2. 천사보다 우월하신 예수 그리스도(1:5-2:18)
3. 모세보다 우월하신 예수 그리스도(3:1-4:13)
4. 다른 제사장보다 우월하신 예수 그리스도(4:14-7:28)
5. 옛 언약보다 우월하신 예수 그리스도(8:1-10:39)
6. 믿음의 사람들(11:1-12:29)
7. 권면과 맺음말(13:1-25)

❼ 야고보서

저자 야고보(예수님의 동생)

저작연대 A.D 45-50년 또는 A.D 60년경

수신자 흩어져 있는 열두 지파

기록장소 예루살렘

기록목적

야고보서는 환난과 시험에 처해 있던 수신자들을 향해 시험을 통해 잘 연단되고 인내할 것을 가르치기 위한 것이다. 또한 믿음으로 구원받는다는 교리를 너무 강조해서 행함이 없는 믿음은 죽은 것이라고 교훈하기 위한 것이다.

주요개요

예수님을 구주로 믿는 참된 믿음은 주인 되신 예수님께 순종하는 삶으로 나타난다. 참된 믿음은 언제나 하나님께 순종하는 외적인 행동으로 나타난다. 선행으로 천국에 들어갈 수는 없지만, 선행은 우리가 예수 그리스도께 진정으로 헌신했음을 보이는 증거이다.

내용분해

1. 인사말(1:1)
2. 시련과 시험(1:2-18)
3. 말씀의 경청과 행함(1:19-27)
4. 사회적인 차별을 금지(2:1-13)
5. 믿음과 행함(2:14-26)
6. 혀의 절제(3:1-12)
7. 참 지혜와 거짓 지혜(3:13-18)
8. 세속성에 대한 경고(4:1-17)
9. 압제하는 무리들을 경고(5:1-6)
10. 권고(5:7-20)

1. 인사와 감사

(1:1~10)

2. 데살로니가에서의 바울의 사역과 교회 사랑

(2:1~3:13)

3. 하나님을 기쁘시게 하는 삶

(4:1-12)

4. 종말에 대한 교훈

(4:13-5:11)

5. 마지막 권면

(5:12-28)

데살로니가 전서

인사와 감사

 데살로니가전서 1장 1-10절

1장

인사

1 바울과 실루아노와 디모데는 하나님 아버지와 주 예수 그리스도 안
에 있는 데살로니가인의 교회에 편지하노니 은혜와 평강이 너희에게
있을지어다

데살로니가 교인들의 믿음의 본

2 우리가 너희 모두로 말미암아 항상 하나님께 감사하며 기도할 때에
너희를 기억함은
3 너희의 믿음의 역사와 사랑의 수고와 우리 주 예수 그리스도에 대한
소망의 인내를 우리 하나님 아버지 앞에서 끊임없이 기억함이니
4 하나님의 사랑하심을 받은 형제들아 너희를 택하심을 아노라
5 이는 우리 복음이 너희에게 말로만 이른 것이 아니라 또한 능력과 성
령과 큰 확신으로 된 것임이라 우리가 너희 가운데서 너희를 위하여
어떤 사람이 된 것은 너희가 아는 바와 같으니라
6 또 너희는 많은 환난 가운데서 성령의 기쁨으로 말씀을 받아 우리와
주를 본받은 자가 되었으니
7 그러므로 너희가 마게도냐와 아가야에 있는 모든 믿는 자의 본이 되
었느니라
8 주의 말씀이 너희에게로부터 마게도냐와 아가야에만 들릴 뿐 아니라
하나님을 향하는 너희 믿음의 소문이 각처에 퍼졌으므로 우리는 아
무 말도 할 것이 없노라

[1장] 인사

1

데살로니가 교인들의 믿음의 본

2

3

4

5

6

7

8

데살로니가
전서

인사와 감사

데살로니가전서 1장 1-10절

데살로니가에서의 바울의 사역과 교회 사랑

데살로니가전서 2장 1절-3장 13절

1장

9 그들이 우리에 대하여 스스로 말하기를 우리가 어떻게 너희 가운데
에 들어갔는지와 너희가 어떻게 우상을 버리고 하나님께로 돌아와서
살아 계시고 참되신 하나님을 섬기는지와
10 또 죽은 자들 가운데서 다시 살리신 그의 아들이 하늘로부터 강림하
실 것을 너희가 어떻게 기다리는지를 말하니 이는 장래의 노하심에
서 우리를 건지시는 예수시니라

2장

데살로니가에서 벌인 바울의 사역

1 형제들아 우리가 너희 가운데 들어간 것이 헛되지 않은 줄을 너희가
친히 아나니
2 너희가 아는 바와 같이 우리가 먼저 빌립보에서 고난과 능욕을 당하
였으나 우리 하나님을 힘입어 많은 싸움 중에 하나님의 복음을 너희
에게 전하였노라
3 우리의 권면은 간사함이나 부정에서 난 것이 아니요 속임수로 하는
것도 아니라
4 오직 하나님께 옳게 여기심을 입어 복음을 위탁 받았으니 우리가 이
와 같이 말함은 사람을 기쁘게 하려 함이 아니요 오직 우리 마음을
감찰하시는 하나님을 기쁘시게 하려 함이라
5 너희도 알거니와 우리가 아무 때에도 아첨하는 말이나 탐심의 탈을
쓰지 아니한 것을 하나님이 증언하시느니라
6 또한 우리는 너희에게서든지 다른 이에게서든지 사람에게서는 영광
을 구하지 아니하였노라

9

10

[2장] 데살로니가에서 벌인 바울의 사역

1

2

3

4

5

6

데살로니가에서의 바울의 사역과 교회 사랑

 데살로니가전서 2장 1절-3장 13절

2장

7 우리는 그리스도의 사도로서 마땅히 권위를 주장할 수 있으나 도리어 너희 가운데서 유순한 자가 되어 유모가 자기 자녀를 기름과 같이 하였으니

8 우리가 이같이 너희를 사모하여 하나님의 복음뿐 아니라 우리의 목숨까지도 너희에게 주기를 기뻐함은 너희가 우리의 사랑하는 자 됨이라

9 형제들아 우리의 수고와 애쓴 것을 너희가 기억하리니 너희 아무에게도 폐를 끼치지 아니하려고 밤낮으로 일하면서 너희에게 하나님의 복음을 전하였노라

10 우리가 너희 믿는 자들을 향하여 어떻게 거룩하고 옳고 흠 없이 행하였는지에 대하여 너희가 증인이요 하나님도 그러하시도다

11 너희도 아는 바와 같이 우리가 너희 각 사람에게 아버지가 자기 자녀에게 하듯 권면하고 위로하고 경계하노니

12 이는 너희를 부르사 자기 나라와 영광에 이르게 하시는 하나님께 합당히 행하게 하려 함이라

13 이러므로 우리가 하나님께 끊임없이 감사함은 너희가 우리에게 들은 바 하나님의 말씀을 받을 때에 사람의 말로 받지 아니하고 하나님의 말씀으로 받음이니 진실로 그러하도다 이 말씀이 또한 너희 믿는 자 가운데에서 역사하느니라

14 형제들아 너희가 그리스도 예수 안에서 유대에 있는 하나님의 교회들을 본받은 자 되었으니 그들이 유대인들에게 고난을 받음과 같이 너희도 너희 동족에게서 동일한 고난을 받았느니라

7

8

9

10

11

12

13

14

데살로니가
전서

데살로니가에서의
바울의 사역과 교회 사랑

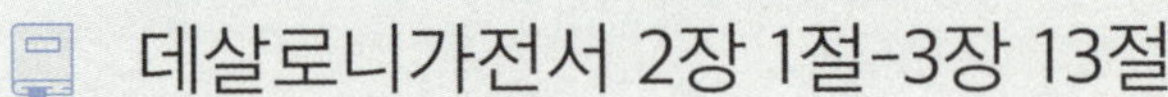
데살로니가전서 2장 1절-3장 13절

2장

15 유대인은 주 예수와 선지자들을 죽이고 우리를 쫓아내고 하나님을
기쁘시게 하지 아니하고 모든 사람에게 대적이 되어
16 우리가 이방인에게 말하여 구원받게 함을 그들이 금하여 자기 죄를
항상 채우매 노하심이 끝까지 그들에게 임하였느니라

바울이 데살로니가에 다시 가기를 원하다

17 형제들아 우리가 잠시 너희를 떠난 것은 얼굴이요 마음은 아니니 너
희 얼굴 보기를 열정으로 더욱 힘썼노라
18 그러므로 나 바울은 한번 두번 너희에게 가고자 하였으나 사탄이 우
리를 막았도다
19 우리의 소망이나 기쁨이나 자랑의 면류관이 무엇이냐 그가 강림하실
때 우리 주 예수 앞에 너희가 아니냐
20 너희는 우리의 영광이요 기쁨이니라

3장

1 이러므로 우리가 참다 못하여 우리만 아덴에 머물기를 좋게 생각하고
2 우리 형제 곧 그리스도의 복음을 전하는 하나님의 일꾼인 디모데
를 보내노니 이는 너희를 굳건하게 하고 너희 믿음에 대하여 위로함
으로
3 아무도 이 여러 환난 중에 흔들리지 않게 하려 함이라 우리가 이것을
위하여 세움 받은 줄을 너희가 친히 알리라
4 우리가 너희와 함께 있을 때에 장차 받을 환난을 너희에게 미리 말하
였는데 과연 그렇게 된 것을 너희가 아느니라

15

16

바울이 데살로니가에 다시 가기를 원하다

17

18

19

20

[3장]

1

2

3

4

데살로니가에서의 바울의 사역과 교회 사랑

 데살로니가전서 2장 1절-3장 13절

3장

5 이러므로 나도 참다 못하여 너희 믿음을 알기 위하여 그를 보내었노
니 이는 혹 시험하는 자가 너희를 시험하여 우리 수고를 헛되게 할까
함이니
6 지금은 디모데가 너희에게로부터 와서 너희 믿음과 사랑의 기쁜 소
식을 우리에게 전하고 또 너희가 항상 우리를 잘 생각하여 우리가 너
희를 간절히 보고자 함과 같이 너희도 우리를 간절히 보고자 한다
하니
7 이러므로 형제들아 우리가 모든 궁핍과 환난 가운데서 너희 믿음으
로 말미암아 너희에게 위로를 받았노라
8 그러므로 너희가 주 안에 굳게 선즉 우리가 이제는 살리라
9 우리가 우리 하나님 앞에서 너희로 말미암아 모든 기쁨으로 기뻐하
니 너희를 위하여 능히 어떠한 감사로 하나님께 보답할까
10 주야로 심히 간구함은 너희 얼굴을 보고 너희 믿음이 부족한 것을 보
충하게 하려 함이라
11 하나님 우리 아버지와 우리 주 예수는 우리 길을 너희에게로 갈 수
있게 하시오며
12 또 주께서 우리가 너희를 사랑함과 같이 너희도 피차간과 모든 사람
에 대한 사랑이 더욱 많아 넘치게 하사
13 너희 마음을 굳건하게 하시고 우리 주 예수께서 그의 모든 성도와 함
께 강림하실 때에 하나님 우리 아버지 앞에서 거룩함에 흠이 없게 하
시기를 원하노라

5

6

7

8

9

10

11

12

13

하나님을 기쁘시게 하는 삶

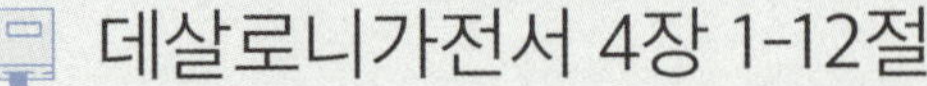
데살로니가전서 4장 1-12절

4장

하나님을 기쁘시게 하는 생활

1 그러므로 형제들아 우리가 끝으로 주 예수 안에서 너희에게 구하고
권면하노니 너희가 마땅히 어떻게 행하며 하나님을 기쁘시게 할 수 있
는지를 우리에게 배웠으니 곧 너희가 행하는 바라 더욱 많이 힘쓰라
2 우리가 주 예수로 말미암아 너희에게 무슨 명령으로 준 것을 너희가
아느니라
3 하나님의 뜻은 이것이니 너희의 거룩함이라 곧 음란을 버리고
4 각각 거룩함과 존귀함으로 자기의 아내 대할 줄을 알고
5 하나님을 모르는 이방인과 같이 색욕을 따르지 말고
6 이 일에 분수를 넘어서 형제를 해하지 말라 이는 우리가 너희에게 미
리 말하고 증언한 것과 같이 이 모든 일에 주께서 신원하여 주심이라
7 하나님이 우리를 부르심은 부정하게 하심이 아니요 거룩하게 하심이니
8 그러므로 저버리는 자는 사람을 저버림이 아니요 너희에게 그의 성
령을 주신 하나님을 저버림이니라
9 형제 사랑에 관하여는 너희에게 쓸 것이 없음은 너희들 자신이 하나
님의 가르치심을 받아 서로 사랑함이라
10 너희가 온 마게도냐 모든 형제에 대하여 과연 이것을 행하도다 형제
들아 권하노니 더욱 그렇게 행하고
11 또 너희에게 명한 것 같이 조용히 자기 일을 하고 너희 손으로 일하기
를 힘쓰라
12 이는 외인에 대하여 단정히 행하고 또한 아무 궁핍함이 없게 하려 함
이라

[4장] 하나님을 기쁘시게 하는 생활

1

2

3

4

5

6

7

8

9

10

11

12

데살로니가
전서

종말에 대한 교훈

데살로니가전서 4장 13절-5장 11절

4장

주의 강림과 죽은 자들의 부활

13 형제들아 자는 자들에 관하여는 너희가 알지 못함을 우리가 원하지
아니하노니 이는 소망 없는 다른 이와 같이 슬퍼하지 않게 하려 함
이라
14 우리가 예수께서 죽으셨다가 다시 살아나심을 믿을진대 이와 같이 예
수 안에서 자는 자들도 하나님이 그와 함께 데리고 오시리라
15 우리가 주의 말씀으로 너희에게 이것을 말하노니 주께서 강림하실
때까지 우리 살아 남아 있는 자도 자는 자보다 결코 앞서지 못하리라
16 주께서 호령과 천사장의 소리와 하나님의 나팔 소리로 친히 하늘로
부터 강림하시리니 그리스도 안에서 죽은 자들이 먼저 일어나고
17 그 후에 우리 살아 남은 자들도 그들과 함께 구름 속으로 끌어 올려
공중에서 주를 영접하게 하시리니 그리하여 우리가 항상 주와 함께
있으리라
18 그러므로 이러한 말로 서로 위로하라

1 형제들아 때와 시기에 관하여는 너희에게 쓸 것이 없음은
2 주의 날이 밤에 도둑 같이 이를 줄을 너희 자신이 자세히 알기 때문
이라
3 그들이 평안하다, 안전하다 할 그 때에 임신한 여자에게 해산의 고통이
이름과 같이 멸망이 갑자기 그들에게 이르리니 결코 피하지 못하리라
4 형제들아 너희는 어둠에 있지 아니하매 그 날이 도둑 같이 너희에게
임하지 못하리니

주의 강림과 죽은 자들의 부활

13

14

15

16

17

18

[5장]

1

2

3

4

데살로니가 전서

종말에 대한 교훈

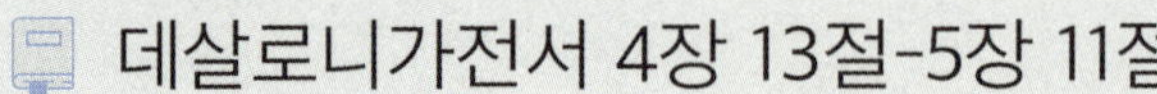
데살로니가전서 4장 13절-5장 11절

마지막 권면

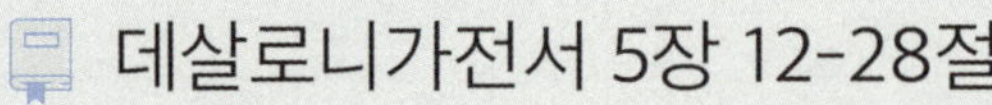
데살로니가전서 5장 12-28절

5장

5 너희는 다 빛의 아들이요 낮의 아들이라 우리가 밤이나 어둠에 속하
지 아니하나니
6 그러므로 우리는 다른 이들과 같이 자지 말고 오직 깨어 정신을 차릴
지라
7 자는 자들은 밤에 자고 취하는 자들은 밤에 취하되
8 우리는 낮에 속하였으니 정신을 차리고 믿음과 사랑의 호심경을 붙
이고 구원의 소망의 투구를 쓰자
9 하나님이 우리를 세우심은 노하심에 이르게 하심이 아니요 오직 우리
주 예수 그리스도로 말미암아 구원을 받게 하심이라
10 예수께서 우리를 위하여 죽으사 우리로 하여금 깨어 있든지 자든지
자기와 함께 살게 하려 하셨느니라
11 그러므로 피차 권면하고 서로 덕을 세우기를 너희가 하는 것 같이
하라

권면과 끝 인사

12 형제들아 우리가 너희에게 구하노니 너희 가운데서 수고하고 주 안
에서 너희를 다스리며 권하는 자들을 너희가 알고
13 그들의 역사로 말미암아 사랑 안에서 가장 귀히 여기며 너희끼리 화
목하라
14 또 형제들아 너희를 권면하노니 게으른 자들을 권계하며 마음이 약
한 자들을 격려하고 힘이 없는 자들을 붙들어 주며 모든 사람에게
오래 참으라

5

6

7

8

9

10

11

권면과 끝 인사

12

13

14

마지막 권면

 데살로니가전서 5장 12-28절

5장

15 삼가 누가 누구에게든지 악으로 악을 갚지 말게 하고 서로 대하든지
모든 사람을 대하든지 항상 선을 따르라

16 항상 기뻐하라

17 쉬지 말고 기도하라

18 범사에 감사하라 이것이 그리스도 예수 안에서 너희를 향하신 하나
님의 뜻이니라

19 성령을 소멸하지 말며

20 예언을 멸시하지 말고

21 범사에 헤아려 좋은 것을 취하고

22 악은 어떤 모양이라도 버리라

23 평강의 하나님이 친히 너희를 온전히 거룩하게 하시고 또 너희의 온
영과 혼과 몸이 우리 주 예수 그리스도께서 강림하실 때에 흠 없게
보전되기를 원하노라

24 너희를 부르시는 이는 미쁘시니 그가 또한 이루시리라

25 형제들아 우리를 위하여 기도하라

26 거룩하게 입맞춤으로 모든 형제에게 문안하라

27 내가 주를 힘입어 너희를 명하노니 모든 형제에게 이 편지를 읽어
주라

28 우리 주 예수 그리스도의 은혜가 너희에게 있을지어다

15

16

17

18

19

20

21

22

23

24

25

26

27

28

1. 핍박받는 성도들에 대한 격려
(1:1~12)

2. 그리스도의 재림에 관한 가르침
(2:1-17)

3. 교인들을 위한 권면
(3:1-15)

4. 맺는 말
(3:16-18)

데살로니가 후서

핍박받는 성도들에 대한 격려

데살로니가후서 1장 1-12절

1장

인사

1 바울과 실루아노와 디모데는 하나님 우리 아버지와 주 예수 그리스
도 안에 있는 데살로니가인의 교회에 편지하노니
2 하나님 아버지와 주 예수 그리스도로부터 은혜와 평강이 너희에게
있을지어다

하나님의 공의로운 심판의 표

3 형제들아 우리가 너희를 위하여 항상 하나님께 감사할지니 이것이 당
연함은 너희의 믿음이 더욱 자라고 너희가 다 각기 서로 사랑함이 풍
성함이니
4 그러므로 너희가 견디고 있는 모든 박해와 환난 중에서 너희 인내와
믿음으로 말미암아 하나님의 여러 교회에서 우리가 친히 자랑하노라
5 이는 하나님의 공의로운 심판의 표요 너희로 하여금 하나님의 나라
에 합당한 자로 여김을 받게 하려 함이니 그 나라를 위하여 너희가
또한 고난을 받느니라
6 너희로 환난을 받게 하는 자들에게는 환난으로 갚으시고
7 환난을 받는 너희에게는 우리와 함께 안식으로 갚으시는 것이 하나
님의 공의시니 주 예수께서 자기의 능력의 천사들과 함께 하늘로부
터 불꽃 가운데에 나타나실 때에
8 하나님을 모르는 자들과 우리 주 예수의 복음에 복종하지 않는 자들
에게 형벌을 내리시리니
9 이런 자들은 주의 얼굴과 그의 힘의 영광을 떠나 영원한 멸망의 형벌
을 받으리로다

[1장] 인사

1

2

하나님의 공의로운 심판의 표

3

4

5

6

7

8

9

데살로니가 후서

핍박받는 성도들에 대한 격려

데살로니가후서 1장 1-12절

그리스도의 재림에 관한 가르침

데살로니가후서 2장 1-17절

1장

10 그 날에 그가 강림하사 그의 성도들에게서 영광을 받으시고 모든 믿
는 자들에게서 놀랍게 여김을 얻으시리니 이는 (우리의 증거가 너희
에게 믿어졌음이라)

11 이러므로 우리도 항상 너희를 위하여 기도함은 우리 하나님이 너희
를 그 부르심에 합당한 자로 여기시고 모든 선을 기뻐함과 믿음의 역
사를 능력으로 이루게 하시고

12 우리 하나님과 주 예수 그리스도의 은혜대로 우리 주 예수의 이름이
너희 가운데서 영광을 받으시고 너희도 그 안에서 영광을 받게 하려
함이라

2장

멸망하는 자들

1 형제들아 우리가 너희에게 구하는 것은 우리 주 예수 그리스도의 강
림하심과 우리가 그 앞에 모임에 관하여

2 영으로나 또는 말로나 또는 우리에게서 받았다 하는 편지로나 주의
날이 이르렀다고 해서 쉽게 마음이 흔들리거나 두려워하거나 하지 말
아야 한다는 것이라

3 누가 어떻게 하여도 너희가 미혹되지 말라 먼저 배교하는 일이 있고
저 불법의 사람 곧 멸망의 아들이 나타나기 전에는 그 날이 이르지
아니하리니

4 그는 대적하는 자라 신이라고 불리는 모든 것과 숭배함을 받는 것에
대항하여 그 위에 자기를 높이고 하나님의 성전에 앉아 자기를 하나
님이라고 내세우느니라

10

11

12

[2장] 멸망하는 자들

1

2

3

4

그리스도의 재림에 관한 가르침

데살로니가후서 2장 1-17절

2장

5 내가 너희와 함께 있을 때에 이 일을 너희에게 말한 것을 기억하지 못
하느냐
6 너희는 지금 그로 하여금 그의 때에 나타나게 하려 하여 막는 것이
있는 것을 아나니
7 불법의 비밀이 이미 활동하였으나 지금은 그것을 막는 자가 있어 그
중에서 옮겨질 때까지 하리라
8 그 때에 불법한 자가 나타나리니 주 예수께서 그 입의 기운으로 그를
죽이시고 강림하여 나타나심으로 폐하시리라
9 악한 자의 나타남은 사탄의 활동을 따라 모든 능력과 표적과 거짓 기
적과
10 불의의 모든 속임으로 멸망하는 자들에게 있으리니 이는 그들이 진
리의 사랑을 받지 아니하여 구원함을 받지 못함이라
11 이러므로 하나님이 미혹의 역사를 그들에게 보내사 거짓 것을 믿게
하심은
12 진리를 믿지 않고 불의를 좋아하는 모든 자들로 하여금 심판을 받게
하려 하심이라

가르침을 받은 전통을 지키라

13 주께서 사랑하시는 형제들아 우리가 항상 너희에 관하여 마땅히 하
나님께 감사할 것은 하나님이 처음부터 너희를 택하사 성령의 거룩하
게 하심과 진리를 믿음으로 구원을 받게 하심이니
14 이를 위하여 우리의 복음으로 너희를 부르사 우리 주 예수 그리스도
의 영광을 얻게 하려 하심이니라

5

6

7

8

9

10

11

12

가르침을 받은 전통을 지키라

13

14

그리스도의 재림에 관한 가르침

데살로니가후서 2장 1-17절

교인들을 위한 권면

데살로니가후서 3장 1-15절

2장

15 그러므로 형제들아 굳건하게 서서 말로나 우리의 편지로 가르침을 받
은 전통을 지키라
16 우리 주 예수 그리스도와 우리를 사랑하시고 영원한 위로와 좋은 소
망을 은혜로 주신 하나님 우리 아버지께서
17 너희 마음을 위로하시고 모든 선한 일과 말에 굳건하게 하시기를 원
하노라

3장

우리를 위하여 기도하라

1 끝으로 형제들아 너희는 우리를 위하여 기도하기를 주의 말씀이 너
희 가운데서와 같이 퍼져 나가 영광스럽게 되고
2 또한 우리를 부당하고 악한 사람들에게서 건지시옵소서 하라 믿음
은 모든 사람의 것이 아니니라
3 주는 미쁘사 너희를 굳건하게 하시고 악한 자에게서 지키시리라
4 너희에 대하여는 우리가 명한 것을 너희가 행하고 또 행할 줄을 우리
가 주 안에서 확신하노니
5 주께서 너희 마음을 인도하여 하나님의 사랑과 그리스도의 인내에
들어가게 하시기를 원하노라

게으름을 경계하다

6 형제들아 우리 주 예수 그리스도의 이름으로 너희를 명하노니 게으
르게 행하고 우리에게서 받은 전통대로 행하지 아니하는 모든 형제
에게서 떠나라

15

16

17

[3장] 우리를 위하여 기도하라

1

2

3

4

5

게으름을 경계하다

6

데살로니가 후서

교인들을 위한 권면

데살로니가후서 3장 1-15절

맺는 말

데살로니가후서 3장 16-18절

3장

7 어떻게 우리를 본받아야 할지를 너희가 스스로 아나니 우리가 너희
가운데서 무질서하게 행하지 아니하며
8 누구에게서든지 음식을 값없이 먹지 않고 오직 수고하고 애써 주야
로 일함은 너희 아무에게도 폐를 끼치지 아니하려 함이니
9 우리에게 권리가 없는 것이 아니요 오직 스스로 너희에게 본을 보여
우리를 본받게 하려 함이니라
10 우리가 너희와 함께 있을 때에도 너희에게 명하기를 누구든지 일하
기 싫어하거든 먹지도 말게 하라 하였더니
11 우리가 들은즉 너희 가운데 게으르게 행하여 도무지 일하지 아니하
고 일을 만들기만 하는 자들이 있다 하니
12 이런 자들에게 우리가 명하고 주 예수 그리스도 안에서 권하기를 조
용히 일하여 자기 양식을 먹으라 하노라
13 형제들아 너희는 선을 행하다가 낙심하지 말라
14 누가 이 편지에 한 우리 말을 순종하지 아니하거든 그 사람을 지목
하여 사귀지 말고 그로 하여금 부끄럽게 하라
15 그러나 원수와 같이 생각하지 말고 형제 같이 권면하라

축복

16 평강의 주께서 친히 때마다 일마다 너희에게 평강을 주시고 주께서
너희 모든 사람과 함께 하시기를 원하노라
17 나 바울은 친필로 문안하노니 이는 편지마다 표시로서 이렇게 쓰노라
18 우리 주 예수 그리스도의 은혜가 너희 무리에게 있을지어다

7

8

9

10

11

12

13

14

15

축복

16

17

18

1. 인사말(1:1-2)

2. 거짓 교훈에 대한 경계(1:3-11)

3. 주의 은혜가 바울에게 넘치도록 풍성함(1:12-17)

4. 바울이 디모데에게 교훈을 주는 목적(1:18-20)

5. 교회의 행정에 관한 지침들(2:1-3:16)

6. 거짓 교훈을 다루는 방법(4:1-16)

7. 교회 내의 여러 계층에 관한 지침(5:1-6:2)

8. 기타 문제에 대한 지침(6:3-19)

9. 마지막 당부(6:20-21)

디모데전서

인사말

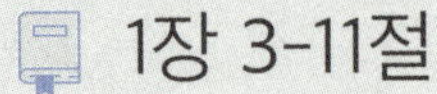

1장 1-2절

거짓 교훈에 대한 경계

1장 3-11절

1장

인사

1 우리 구주 하나님과 우리의 소망이신 그리스도 예수의 명령을 따라
그리스도 예수의 사도 된 바울은
2 믿음 안에서 참 아들 된 디모데에게 편지하노니 하나님 아버지와 그리
스도 예수 우리 주께로부터 은혜와 긍휼과 평강이 네게 있을지어다

다른 교훈을 가르치지 말라

3 내가 마게도냐로 갈 때에 너를 권하여 에베소에 머물라 한 것은 어떤
사람들을 명하여 다른 교훈을 가르치지 말며
4 신화와 끝없는 족보에 몰두하지 말게 하려 함이라 이런 것은 믿음 안
에 있는 하나님의 경륜을 이룸보다 도리어 변론을 내는 것이라
5 이 교훈의 목적은 청결한 마음과 선한 양심과 거짓이 없는 믿음에서
나오는 사랑이거늘
6 사람들이 이에서 벗어나 헛된 말에 빠져
7 율법의 선생이 되려 하나 자기가 말하는 것이나 자기가 확증하는 것
도 깨닫지 못하는도다
8 그러나 율법은 사람이 그것을 적법하게만 쓰면 선한 것임을 우리는
아노라
9 알 것은 이것이니 율법은 옳은 사람을 위하여 세운 것이 아니요 오직
불법한 자와 복종하지 아니하는 자와 경건하지 아니한 자와 죄인과
거룩하지 아니한 자와 망령된 자와 아버지를 죽이는 자와 어머니를
죽이는 자와 살인하는 자며

[1장] 인사

1

2

다른 교훈을 가르치지 말라

3

4

5

6

7

8

9

디모데전서

거짓 교훈에 대한 경계

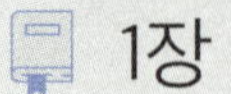

1장 3-11절

주의 은혜가 바울에게 넘치도록 풍성함

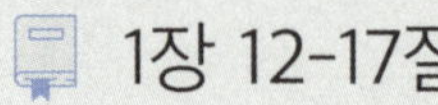

1장 12-17절

1장

10 음행하는 자와 남색하는 자와 인신 매매를 하는 자와 거짓말하는 자와 거짓맹세하는 자와 기타 바른 교훈을 거스르는 자를 위함이니

11 이 교훈은 내게 맡기신 바 복되신 하나님의 영광의 복음을 따름이니라

은혜를 감사하다

12 나를 능하게 하신 그리스도 예수 우리 주께 내가 감사함은 나를 충성되이 여겨 내게 직분을 맡기심이니

13 내가 전에는 비방자요 박해자요 폭행자였으나 도리어 긍휼을 입은 것은 내가 믿지 아니할 때에 알지 못하고 행하였음이라

14 우리 주의 은혜가 그리스도 예수 안에 있는 믿음과 사랑과 함께 넘치도록 풍성하였도다

15 미쁘다 모든 사람이 받을 만한 이 말이여 그리스도 예수께서 죄인을 구원하시려고 세상에 임하셨다 하였도다 죄인 중에 내가 괴수니라

16 그러나 내가 긍휼을 입은 까닭은 예수 그리스도께서 내게 먼저 일체 오래 참으심을 보이사 후에 주를 믿어 영생 얻는 자들에게 본이 되게 하려 하심이라

17 영원하신 왕 곧 썩지 아니하고 보이지 아니하고 홀로 하나이신 하나님께 존귀와 영광이 영원무궁하도록 있을지어다 아멘

10

11

은혜를 감사하다

12

13

14

15

16

17

디모데전서

바울이 디모데에게 교훈을 주는 목적

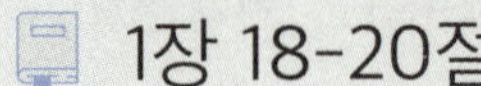

1장 18-20절

교회의 행정에 관한 지침들

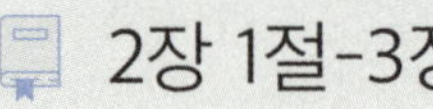

2장 1절-3장 16절

1장

18 아들 디모데야 내가 네게 이 교훈으로써 명하노니 전에 너를 지도한 예언을 따라 그것으로 선한 싸움을 싸우며

19 믿음과 착한 양심을 가지라 어떤 이들은 이 양심을 버렸고 그 믿음에 관하여는 파선하였느니라

20 그 가운데 후메내오와 알렉산더가 있으니 내가 사탄에게 내준 것은 그들로 훈계를 받아 신성을 모독하지 못하게 하려 함이라

2장

기도에 대한 가르침

1 그러므로 내가 첫째로 권하노니 모든 사람을 위하여 간구와 기도와 도고와 감사를 하되

2 임금들과 높은 지위에 있는 모든 사람을 위하여 하라 이는 우리가 모든 경건과 단정함으로 고요하고 평안한 생활을 하려 함이라

3 이것이 우리 구주 하나님 앞에 선하고 받으실 만한 것이니

4 하나님은 모든 사람이 구원을 받으며 진리를 아는 데에 이르기를 원하시느니라

5 하나님은 한 분이시요 또 하나님과 사람 사이에 중보자도 한 분이시니 곧 사람이신 그리스도 예수라

6 그가 모든 사람을 위하여 자기를 대속물로 주셨으니 기약이 이르러 주신 증거니라

7 이를 위하여 내가 전파하는 자와 사도로 세움을 입은 것은 참말이요 거짓말이 아니니 믿음과 진리 안에서 내가 이방인의 스승이 되었노라

8 그러므로 각처에서 남자들이 분노와 다툼이 없이 거룩한 손을 들어 기도하기를 원하노라

18

19

20

[2장] 기도에 대한 가르침

1

2

3

4

5

6

7

8

교회의 행정에 관한 지침들

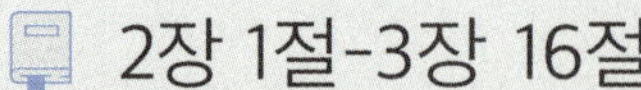

2장 1절-3장 16절

2장

9 또 이와 같이 여자들도 단정하게 옷을 입으며 소박함과 정절로써 자
기를 단장하고 땋은 머리와 금이나 진주나 값진 옷으로 하지 말고
10 오직 선행으로 하기를 원하노라 이것이 하나님을 경외한다 하는 자
들에게 마땅한 것이니라
11 여자는 일체 순종함으로 조용히 배우라
12 여자가 가르치는 것과 남자를 주관하는 것을 허락하지 아니하노니
오직 조용할지니라
13 이는 아담이 먼저 지음을 받고 하와가 그 후며
14 아담이 속은 것이 아니고 여자가 속아 죄에 빠졌음이라
15 그러나 여자들이 만일 정숙함으로써 믿음과 사랑과 거룩함에 거하
면 그의 해산함으로 구원을 얻으리라

3장

감독과 집사의 자격

1 미쁘다 이 말이여, 곧 사람이 감독의 직분을 얻으려 함은 선한 일을
사모하는 것이라 함이로다
2 그러므로 감독은 책망할 것이 없으며 한 아내의 남편이 되며 절제하
며 신중하며 단정하며 나그네를 대접하며 가르치기를 잘하며
3 술을 즐기지 아니하며 구타하지 아니하며 오직 관용하며 다투지 아
니하며 돈을 사랑하지 아니하며
4 자기 집을 잘 다스려 자녀들로 모든 공손함으로 복종하게 하는 자라
야 할지며
5 (사람이 자기 집을 다스릴 줄 알지 못하면 어찌 하나님의 교회를 돌보
리요)

9

10

11

12

13

14

15

[3장] 감독과 집사의 자격

1

2

3

4

5

교회의 행정에 관한 지침들

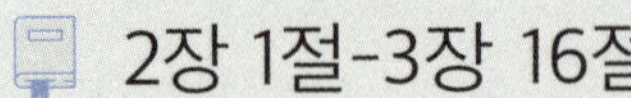

3장

6 새로 입교한 자도 말지니 교만하여져서 마귀를 정죄하는 그 정죄에 빠질까 함이요

7 또한 외인에게서도 선한 증거를 얻은 자라야 할지니 비방과 마귀의 올무에 빠질까 염려하라

8 이와 같이 집사들도 정중하고 일구이언을 하지 아니하고 술에 인박히지 아니하고 더러운 이를 탐하지 아니하고

9 깨끗한 양심에 믿음의 비밀을 가진 자라야 할지니

10 이에 이 사람들을 먼저 시험하여 보고 그 후에 책망할 것이 없으면 집사의 직분을 맡게 할 것이요

11 여자들도 이와 같이 정숙하고 모함하지 아니하며 절제하며 모든 일에 충성된 자라야 할지니라

12 집사들은 한 아내의 남편이 되어 자녀와 자기 집을 잘 다스리는 자일지니

13 집사의 직분을 잘한 자들은 아름다운 지위와 그리스도 예수 안에 있는 믿음에 큰 담력을 얻느니라

경건의 비밀

14 내가 속히 네게 가기를 바라나 이것을 네게 쓰는 것은

15 만일 내가 지체하면 너로 하여금 하나님의 집에서 어떻게 행하여야 할지를 알게 하려 함이니 이 집은 살아 계신 하나님의 교회요 진리의 기둥과 터니라

6

7

8

9

10

11

12

13

경건의 비밀

14

15

디모데전서

교회의 행정에 관한 지침들

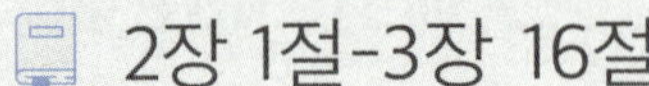
2장 1절-3장 16절

거짓 교훈을 다루는 방법

4장 1-16절

3장

16 크도다 경건의 비밀이여, 그렇지 않다 하는 이 없도다
그는 육신으로 나타난 바 되시고 영으로 의롭다 하심을 받으시고 천
사들에게 보이시고 만국에서 전파되시고 세상에서 믿은 바 되시고
영광 가운데서 올려지셨느니라

4장

거짓말하는 자들

1 그러나 성령이 밝히 말씀하시기를 후일에 어떤 사람들이 믿음에서 떠나 미혹하는 영과 귀신의 가르침을 따르리라 하셨으니

2 자기 양심이 화인을 맞아서 외식함으로 거짓말하는 자들이라

3 혼인을 금하고 어떤 음식물은 먹지 말라고 할 터이나 음식물은 하나님이 지으신 바니 믿는 자들과 진리를 아는 자들이 감사함으로 받을 것이니라

4 하나님께서 지으신 모든 것이 선하매 감사함으로 받으면 버릴 것이 없나니

5 하나님의 말씀과 기도로 거룩하여짐이라

그리스도 예수의 좋은 일꾼

6 네가 이것으로 형제를 깨우치면 그리스도 예수의 좋은 일꾼이 되어 믿음의 말씀과 네가 따르는 좋은 교훈으로 양육을 받으리라

7 망령되고 허탄한 신화를 버리고 경건에 이르도록 네 자신을 연단하라

8 육체의 연단은 약간의 유익이 있으나 경건은 범사에 유익하니 금생과 내생에 약속이 있느니라

16

[4장] 거짓말하는 자들

1

2

3

4

5

그리스도 예수의 좋은 일꾼

6

7

8

디모데전서

거짓 교훈을 다루는 방법

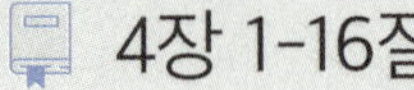
4장 1-16절

교회 내의 여러 계층에 관한 지침

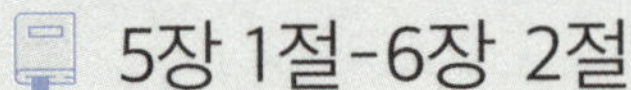
5장 1절-6장 2절

4장

9 미쁘다 이 말이여 모든 사람들이 받을 만하도다
10 이를 위하여 우리가 수고하고 힘쓰는 것은 우리 소망을 살아 계신 하
나님께 둠이니 곧 모든 사람 특히 믿는 자들의 구주시라
11 너는 이것들을 명하고 가르치라
12 누구든지 네 연소함을 업신여기지 못하게 하고 오직 말과 행실과 사
랑과 믿음과 정절에 있어서 믿는 자에게 본이 되어
13 내가 이를 때까지 읽는 것과 권하는 것과 가르치는 것에 전념하라
14 네 속에 있는 은사 곧 장로의 회에서 안수 받을 때에 예언을 통하여
받은 것을 가볍게 여기지 말며
15 이 모든 일에 전심 전력하여 너의 성숙함을 모든 사람에게 나타나게
하라
16 네가 네 자신과 가르침을 살펴 이 일을 계속하라 이것을 행함으로 네
자신과 네게 듣는 자를 구원하리라

5장

성도를 대하는 태도

1 늙은이를 꾸짖지 말고 권하되 아버지에게 하듯 하며 젊은이에게는
형제에게 하듯 하고
2 늙은 여자에게는 어머니에게 하듯 하며 젊은 여자에게는 온전히 깨
끗함으로 자매에게 하듯 하라
3 참 과부인 과부를 존대하라
4 만일 어떤 과부에게 자녀나 손자들이 있거든 그들로 먼저 자기 집에
서 효를 행하여 부모에게 보답하기를 배우게 하라 이것이 하나님 앞
에 받으실 만한 것이니라

9

10

11

12

13

14

15

16

[5장] 성도를 대하는 태도

1

2

3

4

교회 내의 여러 계층에 관한 지침

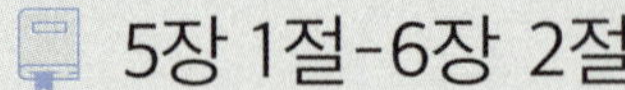

5장

5 참 과부로서 외로운 자는 하나님께 소망을 두어 주야로 항상 간구와 기도를 하거니와

6 향락을 좋아하는 자는 살았으나 죽었느니라

7 네가 또한 이것을 명하여 그들로 책망 받을 것이 없게 하라

8 누구든지 자기 친족 특히 자기 가족을 돌보지 아니하면 믿음을 배반한 자요 불신자보다 더 악한 자니라

9 과부로 명부에 올릴 자는 나이가 육십이 덜 되지 아니하고 한 남편의 아내였던 자로서

10 선한 행실의 증거가 있어 혹은 자녀를 양육하며 혹은 나그네를 대접하며 혹은 성도들의 발을 씻으며 혹은 환난 당한 자들을 구제하며 혹은 모든 선한 일을 행한 자라야 할 것이요

11 젊은 과부는 올리지 말지니 이는 정욕으로 그리스도를 배반할 때에 시집 가고자 함이니

12 처음 믿음을 저버렸으므로 정죄를 받느니라

13 또 그들은 게으름을 익혀 집집으로 돌아 다니고 게으를 뿐 아니라 쓸데없는 말을 하며 일을 만들며 마땅히 아니할 말을 하나니

14 그러므로 젊은이는 시집 가서 아이를 낳고 집을 다스리고 대적에게 비방할 기회를 조금도 주지 말기를 원하노라

15 이미 사탄에게 돌아간 자들도 있도다

16 만일 믿는 여자에게 과부 친척이 있거든 자기가 도와 주고 교회가 짐 지지 않게 하라 이는 참 과부를 도와 주게 하려 함이라

5

6
7
8

9

10

11

12
13

14

15
16

디모데전서

교회 내의 여러 계층에 관한 지침

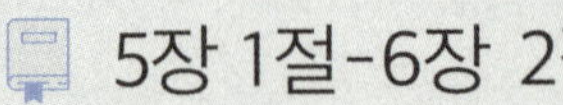
5장 1절-6장 2절

5장

17 잘 다스리는 장로들은 배나 존경할 자로 알되 말씀과 가르침에 수고
하는 이들에게는 더욱 그리할 것이니라
18 성경에 일렀으되 곡식을 밟아 떠는 소의 입에 망을 씌우지 말라 하였
고 또 일꾼이 그 삯을 받는 것은 마땅하다 하였느니라
19 장로에 대한 고발은 두세 증인이 없으면 받지 말 것이요
20 범죄한 자들을 모든 사람 앞에서 꾸짖어 나머지 사람들로 두려워하
게 하라
21 하나님과 그리스도 예수와 택하심을 받은 천사들 앞에서 내가 엄히
명하노니 너는 편견이 없이 이것들을 지켜 아무 일도 불공평하게 하
지 말며
22 아무에게나 경솔히 안수하지 말고 다른 사람의 죄에 간섭하지 말며
네 자신을 지켜 정결하게 하라
23 이제부터는 물만 마시지 말고 네 위장과 자주 나는 병을 위하여는 포
도주를 조금씩 쓰라
24 어떤 사람들의 죄는 밝히 드러나 먼저 심판에 나아가고 어떤 사람들
의 죄는 그 뒤를 따르나니
25 이와 같이 선행도 밝히 드러나고 그렇지 아니한 것도 숨길 수 없느
니라

17

18

19

20

21

22

23

24

25

교회 내의 여러 계층에 관한 지침
5장 1절-6장 2절

기타 문제에 대한 지침
6장 3-19절

6장

1 무릇 멍에 아래에 있는 종들은 자기 상전들을 범사에 마땅히 공경할
자로 알지니 이는 하나님의 이름과 교훈으로 비방을 받지 않게 하려
함이라
2 믿는 상전이 있는 자들은 그 상전을 형제라고 가볍게 여기지 말고 더
잘 섬기게 하라 이는 유익을 받는 자들이 믿는 자요 사랑을 받는 자임
이라 너는 이것들을 가르치고 권하라

말씀과 경건에 관한 교훈

3 누구든지 다른 교훈을 하며 바른 말 곧 우리 주 예수 그리스도의 말씀
과 경건에 관한 교훈을 따르지 아니하면
4 그는 교만하여 아무 것도 알지 못하고 변론과 언쟁을 좋아하는 자니
이로써 투기와 분쟁과 비방과 악한 생각이 나며
5 마음이 부패하여지고 진리를 잃어 버려 경건을 이익의 방도로 생각하
는 자들의 다툼이 일어나느니라
6 그러나 자족하는 마음이 있으면 경건은 큰 이익이 되느니라
7 우리가 세상에 아무 것도 가지고 온 것이 없으매 또한 아무 것도 가지
고 가지 못하리니
8 우리가 먹을 것과 입을 것이 있은즉 족한 줄로 알 것이니라
9 부하려 하는 자들은 시험과 올무와 여러 가지 어리석고 해로운 욕심
에 떨어지나니 곧 사람으로 파멸과 멸망에 빠지게 하는 것이라
10 돈을 사랑함이 일만 악의 뿌리가 되나니 이것을 탐내는 자들은 미혹
을 받아 믿음에서 떠나 많은 근심으로써 자기를 찔렀도다

[6장]

1

2

말씀과 경건에 관한 교훈

3

4

5

6

7

8

9

10

기타 문제에 대한 지침

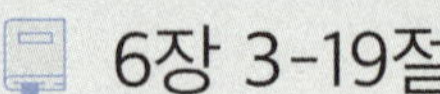

6장

믿음의 선한 싸움

11 오직 너 하나님의 사람아 이것들을 피하고 의와 경건과 믿음과 사랑과
인내와 온유를 따르며
12 믿음의 선한 싸움을 싸우라 영생을 취하라 이를 위하여 네가 부르심
을 받았고 많은 증인 앞에서 선한 증언을 하였도다
13 만물을 살게 하신 하나님 앞과 본디오 빌라도를 향하여 선한 증언을
하신 그리스도 예수 앞에서 내가 너를 명하노니
14 우리 주 예수 그리스도께서 나타나실 때까지 흠도 없고 책망 받을 것
도 없이 이 명령을 지키라
15 기약이 이르면 하나님이 그의 나타나심을 보이시리니 하나님은 복되시
고 유일하신 주권자이시며 만왕의 왕이시며 만주의 주시요
16 오직 그에게만 죽지 아니함이 있고 가까이 가지 못할 빛에 거하시고 어
떤 사람도 보지 못하였고 또 볼 수 없는 이시니 그에게 존귀와 영원한
권능을 돌릴지어다 아멘
17 네가 이 세대에서 부한 자들을 명하여 마음을 높이지 말고 정함이 없
는 재물에 소망을 두지 말고 오직 우리에게 모든 것을 후히 주사 누리
게 하시는 하나님께 두며
18 선을 행하고 선한 사업을 많이 하고 나누어 주기를 좋아하며 너그러운
자가 되게 하라
19 이것이 장래에 자기를 위하여 좋은 터를 쌓아 참된 생명을 취하는 것
이니라

믿음의 선한 싸움

11

12

13

14

15

16

17

18

19

디모데전서

마지막 당부

 6장 20-21절

6장

20 디모데야 망령되고 헛된 말과 거짓된 지식의 반론을 피함으로 네게 부
탁한 것을 지키라
21 이것을 따르는 사람들이 있어 믿음에서 벗어났느니라 은혜가 너희와
함께 있을지어다

20

21

[기도와 묵상]

1. 바른 교훈을 지킬 것
(1:1-18)

2. 바른 교훈을 가르칠 것
(2:1-26)

3. 바른 교훈에 거할 것
(3:1-17)

4. 바른 교훈을 전파할 것
(4:1-22)

바른 교훈을 지킬 것

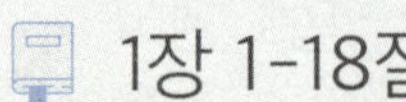

1장 1-18절

1장

인사

1 하나님의 뜻으로 말미암아 그리스도 예수 안에 있는 생명의 약속대로 그리스도 예수의 사도 된 바울은

2 사랑하는 아들 디모데에게 편지하노니 하나님 아버지와 그리스도 예수 우리 주께로부터 은혜와 긍휼과 평강이 네게 있을지어다

복음과 함께 고난을 받으라

3 내가 밤낮 간구하는 가운데 쉬지 않고 너를 생각하여 청결한 양심으로 조상적부터 섬겨 오는 하나님께 감사하고

4 네 눈물을 생각하여 너 보기를 원함은 내 기쁨이 가득하게 하려 함이니

5 이는 네 속에 거짓이 없는 믿음이 있음을 생각함이라 이 믿음은 먼저 네 외조모 로이스와 네 어머니 유니게 속에 있더니 네 속에도 있는 줄을 확신하노라

6 그러므로 내가 나의 안수함으로 네 속에 있는 하나님의 은사를 다시 불일듯 하게 하기 위하여 너로 생각하게 하노니

7 하나님이 우리에게 주신 것은 두려워하는 마음이 아니요 오직 능력과 사랑과 절제하는 마음이니

8 그러므로 너는 내가 우리 주를 증언함과 또는 주를 위하여 갇힌 자 된 나를 부끄러워하지 말고 오직 하나님의 능력을 따라 복음과 함께 고난을 받으라

9 하나님이 우리를 구원하사 거룩하신 소명으로 부르심은 우리의 행위대로 하심이 아니요 오직 자기의 뜻과 영원 전부터 그리스도 예수 안에서 우리에게 주신 은혜대로 하심이라

[1장] 인사

1

2

복음과 함께 고난을 받으라

3

4

5

6

7

8

9

디모데후서

바른 교훈을 지킬 것

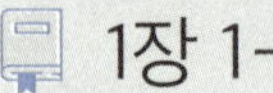
1장 1-18절

바른 교훈을 가르칠 것

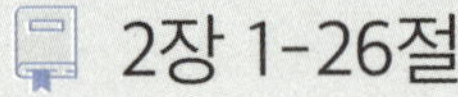
2장 1-26절

1장

10 이제는 우리 구주 그리스도 예수의 나타나심으로 말미암아 나타났으
니 그는 사망을 폐하시고 복음으로써 생명과 썩지 아니할 것을 드러내
신지라
11 내가 이 복음을 위하여 선포자와 사도와 교사로 세우심을 입었노라
12 이로 말미암아 내가 또 이 고난을 받되 부끄러워하지 아니함은 내가
믿는 자를 내가 알고 또한 내가 의탁한 것을 그 날까지 그가 능히 지키
실 줄을 확신함이라
13 너는 그리스도 예수 안에 있는 믿음과 사랑으로써 내게 들은 바 바른
말을 본받아 지키고
14 우리 안에 거하시는 성령으로 말미암아 네게 부탁한 아름다운 것을
지키라
15 아시아에 있는 모든 사람이 나를 버린 이 일을 네가 아나니 그 중에는
부겔로와 허모게네도 있느니라
16 원하건대 주께서 오네시보로의 집에 긍휼을 베푸시옵소서 그가 나를
자주 격려해 주고 내가 사슬에 매인 것을 부끄러워하지 아니하고
17 로마에 있을 때에 나를 부지런히 찾아와 만났음이라
18 (원하건대 주께서 그로 하여금 그 날에 주의 긍휼을 입게 하여 주옵소
서) 또 그가 에베소에서 많이 봉사한 것을 네가 잘 아느니라

2장

예수 그리스도의 좋은 병사

1 내 아들아 그러므로 너는 그리스도 예수 안에 있는 은혜 가운데서 강
하고

10

11

12

13

14

15

16

17

18

[2장] 예수 그리스도의 좋은 병사

1

디모데후서

바른 교훈을 가르칠 것

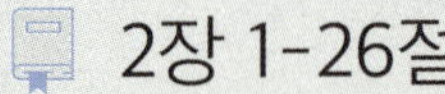

2장 1-26절

2장

2 또 네가 많은 증인 앞에서 내게 들은 바를 충성된 사람들에게 부탁하
라 그들이 또 다른 사람들을 가르칠 수 있으리라
3 너는 그리스도 예수의 좋은 병사로 나와 함께 고난을 받으라
4 병사로 복무하는 자는 자기 생활에 얽매이는 자가 하나도 없나니 이는
병사로 모집한 자를 기쁘게 하려 함이라
5 경기하는 자가 법대로 경기하지 아니하면 승리자의 관을 얻지 못할 것
이며
6 수고하는 농부가 곡식을 먼저 받는 것이 마땅하니라
7 내가 말하는 것을 생각해 보라 주께서 범사에 네게 총명을 주시리라
8 내가 전한 복음대로 다윗의 씨로 죽은 자 가운데서 다시 살아나신 예
수 그리스도를 기억하라
9 복음으로 말미암아 내가 죄인과 같이 매이는 데까지 고난을 받았으나
하나님의 말씀은 매이지 아니하니라
10 그러므로 내가 택함 받은 자들을 위하여 모든 것을 참음은 그들도 그
리스도 예수 안에 있는 구원을 영원한 영광과 함께 받게 하려 함이라
11 미쁘다 이 말이여 우리가 주와 함께 죽었으면 또한 함께 살 것이요
12 참으면 또한 함께 왕 노릇 할 것이요 우리가 주를 부인하면 주도 우리
를 부인하실 것이라
13 우리는 미쁨이 없을지라도 주는 항상 미쁘시니 자기를 부인하실 수 없
으시리라

2

3

4

5

6

7

8

9

10

11

12

13

디모데후서

바른 교훈을 가르칠 것

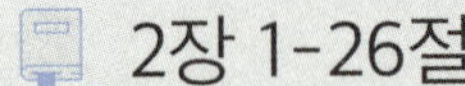

2장 1-26절

2장

인정 받는 일꾼

14 너는 그들로 이 일을 기억하게 하여 말다툼을 하지 말라고 하나님 앞에서 엄히 명하라 이는 유익이 하나도 없고 도리어 듣는 자들을 망하게 함이라

15 너는 진리의 말씀을 옳게 분별하며 부끄러울 것이 없는 일꾼으로 인정된 자로 자신을 하나님 앞에 드리기를 힘쓰라

16 망령되고 헛된 말을 버리라 그들은 경건하지 아니함에 점점 나아가나니

17 그들의 말은 악성 종양이 퍼져나감과 같은데 그 중에 후메내오와 빌레도가 있느니라

18 진리에 관하여는 그들이 그릇되었도다 부활이 이미 지나갔다 함으로 어떤 사람들의 믿음을 무너뜨리느니라

19 하나님의 견고한 터는 섰으니 인침이 있어 일렀으되 주께서 자기 백성을 아신다 하며 또 주의 이름을 부르는 자마다 불의에서 떠날지어다 하였느니라

20 큰 집에는 금 그릇과 은 그릇뿐 아니라 나무 그릇과 질그릇도 있어 귀하게 쓰는 것도 있고 천하게 쓰는 것도 있나니

21 그러므로 누구든지 이런 것에서 자기를 깨끗하게 하면 귀히 쓰는 그릇이 되어 거룩하고 주인의 쓰심에 합당하며 모든 선한 일에 준비함이 되리라

22 또한 너는 청년의 정욕을 피하고 주를 깨끗한 마음으로 부르는 자들과 함께 의와 믿음과 사랑과 화평을 따르라

인정 받는 일꾼

14

15

16

17

18

19

20

21

22

디모데후서

바른 교훈을 가르칠 것

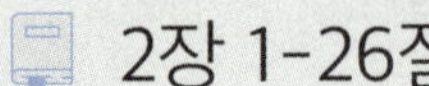
2장 1-26절

바른 교훈에 거할 것

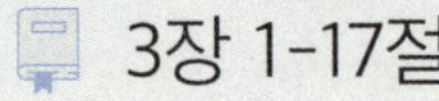
3장 1-17절

2장

23 어리석고 무식한 변론을 버리라 이에서 다툼이 나는 줄 앎이라
24 주의 종은 마땅히 다투지 아니하고 모든 사람에 대하여 온유하며 가
르치기를 잘하며 참으며
25 거역하는 자를 온유함으로 훈계할지니 혹 하나님이 그들에게 회개함
을 주사 진리를 알게 하실까 하며
26 그들로 깨어 마귀의 올무에서 벗어나 하나님께 사로잡힌 바 되어 그
뜻을 따르게 하실까 함이라

3장

마지막 가르침

1 너는 이것을 알라 말세에 고통하는 때가 이르러
2 사람들이 자기를 사랑하며 돈을 사랑하며 자랑하며 교만하며 비방하
며 부모를 거역하며 감사하지 아니하며 거룩하지 아니하며
3 무정하며 원통함을 풀지 아니하며 모함하며 절제하지 못하며 사나우
며 선한 것을 좋아하지 아니하며
4 배신하며 조급하며 자만하며 쾌락을 사랑하기를 하나님 사랑하는 것
보다 더하며
5 경건의 모양은 있으나 경건의 능력은 부인하니 이같은 자들에게서 네
가 돌아서라
6 그들 중에 남의 집에 가만히 들어가 어리석은 여자를 유인하는 자들
이 있으니 그 여자는 죄를 중히 지고 여러 가지 욕심에 끌린 바 되어
7 항상 배우나 끝내 진리의 지식에 이를 수 없느니라
8 얀네와 얌브레가 모세를 대적한 것 같이 그들도 진리를 대적하니 이 사
람들은 그 마음이 부패한 자요 믿음에 관하여는 버림 받은 자들이라

23

24

25

26

[3장] 마지막 가르침

1

2

3

4

5

6

7

8

바른 교훈에 거할 것

3장 1-17절

3장

9 그러나 그들이 더 나아가지 못할 것은 저 두 사람이 된 것과 같이 그들
의 어리석음이 드러날 것임이라
10 나의 교훈과 행실과 의향과 믿음과 오래 참음과 사랑과 인내와
11 박해를 받음과 고난과 또한 안디옥과 이고니온과 루스드라에서 당한
일과 어떠한 박해를 받은 것을 네가 과연 보고 알았거니와 주께서 이
모든 것 가운데서 나를 건지셨느니라
12 무릇 그리스도 예수 안에서 경건하게 살고자 하는 자는 박해를 받으
리라
13 악한 사람들과 속이는 자들은 더욱 악하여져서 속이기도 하고 속기도
하나니
14 그러나 너는 배우고 확신한 일에 거하라 너는 네가 누구에게서 배운
것을 알며
15 또 어려서부터 성경을 알았나니 성경은 능히 너로 하여금 그리스도 예
수 안에 있는 믿음으로 말미암아 구원에 이르는 지혜가 있게 하느니라
16 모든 성경은 하나님의 감동으로 된 것으로 교훈과 책망과 바르게 함
과 의로 교육하기에 유익하니
17 이는 하나님의 사람으로 온전하게 하며 모든 선한 일을 행할 능력을
갖추게 하려 함이라

9

10

11

12

13

14

15

16

17

디모데후서

바른 교훈을 전파할 것

4장 1-22절

4장

1 하나님 앞과 살아 있는 자와 죽은 자를 심판하실 그리스도 예수 앞에서
그가 나타나실 것과 그의 나라를 두고 엄히 명하노니
2 너는 말씀을 전파하라 때를 얻든지 못 얻든지 항상 힘쓰라 범사에 오래
참음과 가르침으로 경책하며 경계하며 권하라
3 때가 이르리니 사람이 바른 교훈을 받지 아니하며 귀가 가려워서 자기
의 사욕을 따를 스승을 많이 두고
4 또 그 귀를 진리에서 돌이켜 허탄한 이야기를 따르리라
5 그러나 너는 모든 일에 신중하여 고난을 받으며 전도자의 일을 하며 네
직무를 다하라
6 전제와 같이 내가 벌써 부어지고 나의 떠날 시각이 가까웠도다
7 나는 선한 싸움을 싸우고 나의 달려갈 길을 마치고 믿음을 지켰으니
8 이제 후로는 나를 위하여 의의 면류관이 예비되었으므로 주 곧 의로우
신 재판장이 그 날에 내게 주실 것이며 내게만 아니라 주의 나타나심을
사모하는 모든 자에게도니라

사사로운 부탁

9 너는 어서 속히 내게로 오라
10 데마는 이 세상을 사랑하여 나를 버리고 데살로니가로 갔고 그레스게
는 갈라디아로, 디도는 달마디아로 갔고
11 누가만 나와 함께 있느니라 네가 올 때에 마가를 데리고 오라 그가 나의
일에 유익하니라
12 두기고는 에베소로 보내었노라

[4장]

1

2

3

4

5

6

7

8

사사로운 부탁

9

10

11

12

바른 교훈을 전파할 것

 4장 1-22절

4장

13 네가 올 때에 내가 드로아 가보의 집에 둔 겉옷을 가지고 오고 또 책은 특별히 가죽 종이에 쓴 것을 가져오라
14 구리 세공업자 알렉산더가 내게 해를 많이 입혔으매 주께서 그 행한 대로 그에게 갚으시리니
15 너도 그를 주의하라 그가 우리 말을 심히 대적하였느니라
16 내가 처음 변명할 때에 나와 함께 한 자가 하나도 없고 다 나를 버렸으나 그들에게 허물을 돌리지 않기를 원하노라
17 주께서 내 곁에 서서 나에게 힘을 주심은 나로 말미암아 선포된 말씀이 온전히 전파되어 모든 이방인이 듣게 하려 하심이니 내가 사자의 입에서 건짐을 받았느니라
18 주께서 나를 모든 악한 일에서 건져내시고 또 그의 천국에 들어가도록 구원하시리니 그에게 영광이 세세무궁토록 있을지어다 아멘

끝 인사

19 브리스가와 아굴라와 및 오네시보로의 집에 문안하라
20 에라스도는 고린도에 머물러 있고 드로비모는 병들어서 밀레도에 두었노니
21 너는 겨울 전에 어서 오라 으불로와 부데와 리노와 글라우디아와 모든 형제가 다 네게 문안하느니라
22 나는 주께서 네 심령에 함께 계시기를 바라노니 은혜가 너희와 함께 있을지어다

13

14

15

16

17

18

끝 인사

19

20

21

22

1. 교회 행정에 관한 지시
(1:1-16)

2. 교회 각층에 대한 교훈
(2:1-15)

3. 사회 생활에 관한 교훈
(3:1-15)

교회 행정에 관한 지시

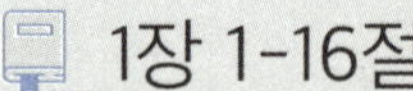

1장

인사

1 하나님의 종이요 예수 그리스도의 사도인 나 바울이 사도 된 것은 하
나님이 택하신 자들의 믿음과 경건함에 속한 진리의 지식과
2 영생의 소망을 위함이라 이 영생은 거짓이 없으신 하나님이 영원 전부
터 약속하신 것인데
3 자기 때에 자기의 말씀을 전도로 나타내셨으니 이 전도는 우리 구주
하나님이 명하신 대로 내게 맡기신 것이라
4 같은 믿음을 따라 나의 참 아들 된 디도에게 편지하노니 하나님 아버
지와 그리스도 예수 우리 구주로부터 은혜와 평강이 네게 있을지어다

그레데에서 해야 할 디도의 사역

5 내가 너를 그레데에 남겨 둔 이유는 남은 일을 정리하고 내가 명한 대
로 각 성에 장로들을 세우게 하려 함이니
6 책망할 것이 없고 한 아내의 남편이며 방탕하다는 비난을 받거나 불
순종하는 일이 없는 믿는 자녀를 둔 자라야 할지라
7 감독은 하나님의 청지기로서 책망할 것이 없고 제 고집대로 하지 아니
하며 급히 분내지 아니하며 술을 즐기지 아니하며 구타하지 아니하며
더러운 이득을 탐하지 아니하며
8 오직 나그네를 대접하며 선행을 좋아하며 신중하며 의로우며 거룩하
며 절제하며
9 미쁜 말씀의 가르침을 그대로 지켜야 하리니 이는 능히 바른 교훈으로
권면하고 거슬러 말하는 자들을 책망하게 하려 함이라

[1장] 인사

1

2

3

4

그레데에서 해야 할 디도의 사역

5

6

7

8

9

디도서

교회 행정에 관한 지시

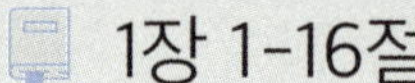
1장 1-16절

교회 각층에 대한 교훈

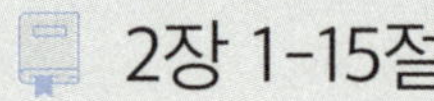
2장 1-15절

1장

10 불순종하고 헛된 말을 하며 속이는 자가 많은 중 할례파 가운데 특히 그러하니

11 그들의 입을 막을 것이라 이런 자들이 더러운 이득을 취하려고 마땅하지 아니한 것을 가르쳐 가정들을 온통 무너뜨리는도다

12 그레데인 중의 어떤 선지자가 말하되 그레데인들은 항상 거짓말쟁이며 악한 짐승이며 배만 위하는 게으름뱅이라 하니

13 이 증언이 참되도다 그러므로 네가 그들을 엄히 꾸짖으라 이는 그들로 하여금 믿음을 온전하게 하고

14 유대인의 허탄한 이야기와 진리를 배반하는 사람들의 명령을 따르지 않게 하려 함이라

15 깨끗한 자들에게는 모든 것이 깨끗하나 더럽고 믿지 아니하는 자들에게는 아무 것도 깨끗한 것이 없고 오직 그들의 마음과 양심이 더러운지라

16 그들이 하나님을 시인하나 행위로는 부인하니 가증한 자요 복종하지 아니하는 자요 모든 선한 일을 버리는 자니라

2장

교훈에 합당한 말

1 오직 너는 바른 교훈에 합당한 것을 말하여

2 늙은 남자로는 절제하며 경건하며 신중하며 믿음과 사랑과 인내함에 온전하게 하고

3 늙은 여자로는 이와 같이 행실이 거룩하며 모함하지 말며 많은 술의 종이 되지 아니하며 선한 것을 가르치는 자들이 되고

4 그들로 젊은 여자들을 교훈하되 그 남편과 자녀를 사랑하며

10

11

12

13

14

15

16

[2장] 교훈에 합당한 말

1

2

3

4

교회 각층에 대한 교훈

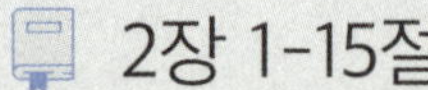

2장 1-15절

2장

5 신중하며 순전하며 집안 일을 하며 선하며 자기 남편에게 복종하게 하라 이는 하나님의 말씀이 비방을 받지 않게 하려 함이라

6 너는 이와 같이 젊은 남자들을 신중하도록 권면하되

7 범사에 네 자신이 선한 일의 본을 보이며 교훈에 부패하지 아니함과 단정함과

8 책망할 것이 없는 바른 말을 하게 하라 이는 대적하는 자로 하여금 부끄러워 우리를 악하다 할 것이 없게 하려 함이라

9 종들은 자기 상전들에게 범사에 순종하여 기쁘게 하고 거슬러 말하지 말며

10 훔치지 말고 오히려 모든 참된 신실성을 나타내게 하라 이는 범사에 우리 구주 하나님의 교훈을 빛나게 하려 함이라

11 모든 사람에게 구원을 주시는 하나님의 은혜가 나타나

12 우리를 양육하시되 경건하지 않은 것과 이 세상 정욕을 다 버리고 신중함과 의로움과 경건함으로 이 세상에 살고

13 복스러운 소망과 우리의 크신 하나님 구주 예수 그리스도의 영광이 나타나심을 기다리게 하셨으니

14 그가 우리를 대신하여 자신을 주심은 모든 불법에서 우리를 속량하시고 우리를 깨끗하게 하사 선한 일을 열심히 하는 자기 백성이 되게 하려 하심이라

선한 일을 가르치라

15 너는 이것을 말하고 권면하며 모든 권위로 책망하여 누구에게서든지 업신여김을 받지 말라

5

6

7

8

9

10

11

12

13

14

선한 일을 가르치라

15

사회 생활에 관한 교훈

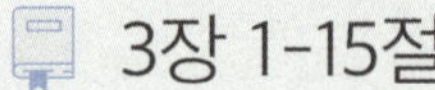

3장 1-15절

3장

1 너는 그들로 하여금 통치자들과 권세 잡은 자들에게 복종하며 순종하며 모든 선한 일 행하기를 준비하게 하며

2 아무도 비방하지 말며 다투지 말며 관용하며 범사에 온유함을 모든 사람에게 나타낼 것을 기억하게 하라

3 우리도 전에는 어리석은 자요 순종하지 아니한 자요 속은 자요 여러 가지 정욕과 행락에 종 노릇 한 자요 악독과 투기를 일삼은 자요 가증스러운 자요 피차 미워한 자였으나

4 우리 구주 하나님의 자비와 사람 사랑하심이 나타날 때에

5 우리를 구원하시되 우리가 행한 바 의로운 행위로 말미암지 아니하고 오직 그의 긍휼하심을 따라 중생의 씻음과 성령의 새롭게 하심으로 하셨나니

6 우리 구주 예수 그리스도로 말미암아 우리에게 그 성령을 풍성히 부어 주사

7 우리로 그의 은혜를 힘입어 의롭다 하심을 얻어 영생의 소망을 따라 상속자가 되게 하려 하심이라

8 이 말이 미쁘도다 원하건대 너는 이 여러 것에 대하여 굳세게 말하라 이는 하나님을 믿는 자들로 하여금 조심하여 선한 일을 힘쓰게 하려 함이라 이것은 아름다우며 사람들에게 유익하니라

9 그러나 어리석은 변론과 족보 이야기와 분쟁과 율법에 대한 다툼은 피하라 이것은 무익한 것이요 헛된 것이니라

10 이단에 속한 사람을 한두 번 훈계한 후에 멀리하라

[3장]

1

2

3

4

5

6

7

8

9

10

사회 생활에 관한 교훈

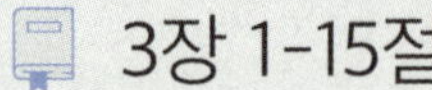

3장

11 이러한 사람은 네가 아는 바와 같이 부패하여 스스로 정죄한 자로서 죄를 짓느니라

부탁과 끝 인사

12 내가 아데마나 두기고를 네게 보내리니 그 때에 네가 급히 니고볼리로 내게 오라 내가 거기서 겨울을 지내기로 작정하였노라
13 율법교사 세나와 및 아볼로를 급히 먼저 보내어 그들로 부족함이 없게 하고
14 또 우리 사람들도 열매 없는 자가 되지 않게 하기 위하여 필요한 것을 준비하는 좋은 일에 힘 쓰기를 배우게 하라
15 나와 함께 있는 자가 다 네게 문안하니 믿음 안에서 우리를 사랑하는 자들에게 너도 문안하라
은혜가 너희 무리에게 있을지어다

11

부탁과 끝인사

12

13

14

15

[기도와 묵상]

1. 서언(1:1-4)

2. 천사보다 우월하신 예수 그리스도
(1:5-2:18)

3. 모세보다 우월하신 예수 그리스도
(3:1-4:13)

4. 다른 제사장보다 우월하신 예수 그리스도
(4:14-7:28)

5. 옛 언약보다 우월하신 예수 그리스도
(8:1-10:39)

6. 믿음의 사람들
(11:1-12:29)

7. 권면과 맺음말
(13:1-25)

서언

 1장 1-4절

천사보다 우월하신 예수 그리스도

 1장 5절-2장 18절

1장

하나님이 아들을 통하여 말씀하시다

1 옛적에 선지자들을 통하여 여러 부분과 여러 모양으로 우리 조상들에
게 말씀하신 하나님이

2 이 모든 날 마지막에는 아들을 통하여 우리에게 말씀하셨으니 이 아들을
만유의 상속자로 세우시고 또 그로 말미암아 모든 세계를 지으셨느니라

3 이는 하나님의 영광의 광채시요 그 본체의 형상이시라 그의 능력의 말
씀으로 만물을 붙드시며 죄를 정결하게 하는 일을 하시고 높은 곳에 계
신 지극히 크신 이의 우편에 앉으셨느니라

4 그가 천사보다 훨씬 뛰어남은 그들보다 더욱 아름다운 이름을 기업으
로 얻으심이니

5 하나님께서 어느 때에 천사 중 누구에게 너는 내 아들이라 오늘 내가
너를 낳았다 하셨으며 또 다시 나는 그에게 아버지가 되고 그는 내게 아
들이 되리라 하셨느냐

6 또 그가 맏아들을 이끌어 세상에 다시 들어오게 하실 때에 하나님의 모
든 천사들은 그에게 경배할지어다 말씀하시며

7 또 천사들에 관하여는 그는 그의 천사들을 바람으로, 그의 사역자들을
불꽃으로 삼으시느니라 하셨으되

8 아들에 관하여는 하나님이여 주의 보좌는 영영하며 주의 나라의 규는
공평한 규이니이다

9 주께서 의를 사랑하시고 불법을 미워하셨으니 그러므로 하나님 곧 주
의 하나님이 즐거움의 기름을 주께 부어 주를 동류들보다 뛰어나게 하
셨도다 하였고

[1장] 하나님이 아들을 통하여 말씀하시다

1

2

3

4

5

6

7

8

9

히브리서

천사보다 우월하신 예수 그리스도

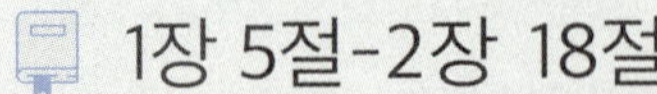

1장 5절-2장 18절

1장

10 또 주여 태초에 주께서 땅의 기초를 두셨으며 하늘도 주의 손으로 지으신 바라

11 그것들은 멸망할 것이나 오직 주는 영존할 것이요 그것들은 다 옷과 같이 낡아지리니

12 의복처럼 갈아입을 것이요 그것들은 옷과 같이 변할 것이나 주는 여전하여 연대가 다함이 없으리라 하였으나

13 어느 때에 천사 중 누구에게 내가 네 원수로 네 발등상이 되게 하기까지 너는 내 우편에 앉아 있으라 하셨느냐

14 모든 천사들은 섬기는 영으로서 구원 받을 상속자들을 위하여 섬기라고 보내심이 아니냐

2장

큰 구원

1 그러므로 우리는 들은 것에 더욱 유념함으로 우리가 흘러 떠내려가지 않도록 함이 마땅하니라

2 천사들을 통하여 하신 말씀이 견고하게 되어 모든 범죄함과 순종하지 아니함이 공정한 보응을 받았거든

3 우리가 이같이 큰 구원을 등한히 여기면 어찌 그 보응을 피하리요 이 구원은 처음에 주로 말씀하신 바요 들은 자들이 우리에게 확증한 바니

4 하나님도 표적들과 기사들과 여러 가지 능력과 및 자기의 뜻을 따라 성령이 나누어 주신 것으로써 그들과 함께 증언하셨느니라

10

11

12

13

14

[2장] 큰 구원

1

2

3

4

천사보다 우월하신 예수 그리스도

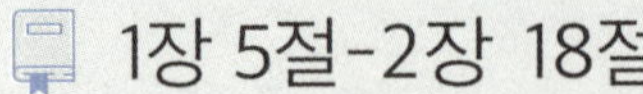

2장

구원의 창시자

5 하나님이 우리가 말하는 바 장차 올 세상을 천사들에게 복종하게 하심
이 아니니라
6 그러나 누구인가가 어디에서 증언하여 이르되 사람이 무엇이기에 주께
서 그를 생각하시며 인자가 무엇이기에 주께서 그를 돌보시나이까
7 그를 잠시 동안 천사보다 못하게 하시며 영광과 존귀로 관을 씌우시며
8 만물을 그 발 아래에 복종하게 하셨느니라 하였으니 만물로 그에게 복
종하게 하셨은즉 복종하지 않은 것이 하나도 없어야 하겠으나 지금 우
리가 만물이 아직 그에게 복종하고 있는 것을 보지 못하고
9 오직 우리가 천사들보다 잠시 동안 못하게 하심을 입은 자 곧 죽음의 고
난 받으심으로 말미암아 영광과 존귀로 관을 쓰신 예수를 보니 이를 행
하심은 하나님의 은혜로 말미암아 모든 사람을 위하여 죽음을 맛보려
하심이라
10 그러므로 만물이 그를 위하고 또한 그로 말미암은 이가 많은 아들들을
이끌어 영광에 들어가게 하시는 일에 그들의 구원의 창시자를 고난을
통하여 온전하게 하심이 합당하도다
11 거룩하게 하시는 이와 거룩하게 함을 입은 자들이 다 한 근원에서 난지
라 그러므로 형제라 부르시기를 부끄러워하지 아니하시고
12 이르시되 내가 주의 이름을 내 형제들에게 선포하고 내가 주를 교회 중
에서 찬송하리라 하셨으며
13 또 다시 내가 그를 의지하리라 하시고 또 다시 볼지어다 나와 및 하나님
께서 내게 주신 자녀라 하셨으니

구원의 창시자

5

6

7
8

9

10

11

12

13

히브리서

천사보다 우월하신 예수 그리스도

1장 5절-2장 18절

모세보다 우월하신 예수 그리스도

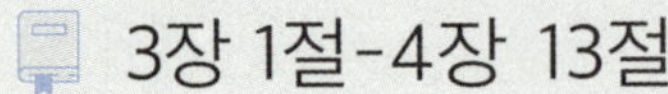
3장 1절-4장 13절

2장

14 자녀들은 혈과 육에 속하였으매 그도 또한 같은 모양으로 혈과 육을 함께 지니심은 죽음을 통하여 죽음의 세력을 잡은 자 곧 마귀를 멸하시며

15 또 죽기를 무서워하므로 한평생 매여 종 노릇 하는 모든 자들을 놓아 주려 하심이니

16 이는 확실히 천사들을 붙들어 주려 하심이 아니요 오직 아브라함의 자손을 붙들어 주려 하심이라

17 그러므로 그가 범사에 형제들과 같이 되심이 마땅하도다 이는 하나님의 일에 자비하고 신실한 대제사장이 되어 백성의 죄를 속량하려 하심이라

18 그가 시험을 받아 고난을 당하셨은즉 시험 받는 자들을 능히 도우실 수 있느니라

3장

하나님이 주시는 안식

1 그러므로 함께 하늘의 부르심을 받은 거룩한 형제들아 우리가 믿는 도리의 사도이시며 대제사장이신 예수를 깊이 생각하라

2 그는 자기를 세우신 이에게 신실하시기를 모세가 하나님의 온 집에서 한 것과 같이 하셨으니

3 그는 모세보다 더욱 영광을 받을 만한 것이 마치 집 지은 자가 그 집보다 더욱 존귀함 같으니라

4 집마다 지은 이가 있으니 만물을 지으신 이는 하나님이시라

5 또한 모세는 장래에 말할 것을 증언하기 위하여 하나님의 온 집에서 종으로서 신실하였고

14

15

16

17

18

[3장] 하나님이 주시는 안식

1

2

3

4

5

히브리서

모세보다 우월하신 예수 그리스도

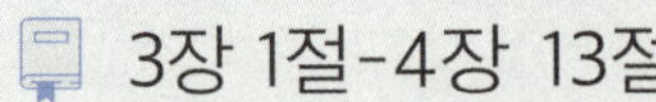

3장 1절-4장 13절

3장

6 그리스도는 하나님의 집을 맡은 아들로서 그와 같이 하셨으니 우리가 소망의 확신과 자랑을 끝까지 굳게 잡고 있으면 우리는 그의 집이라

7 그러므로 성령이 이르신 바와 같이 오늘 너희가 그의 음성을 듣거든

8 광야에서 시험하던 날에 거역하던 것 같이 너희 마음을 완고하게 하지 말라

9 거기서 너희 열조가 나를 시험하여 증험하고 사십 년 동안 나의 행사를 보았느니라

10 그러므로 내가 이 세대에게 노하여 이르기를 그들이 항상 마음이 미혹되어 내 길을 알지 못하는도다 하였고

11 내가 노하여 맹세한 바와 같이 그들은 내 안식에 들어오지 못하리라 하였다 하였느니라

12 형제들아 너희는 삼가 혹 너희 중에 누가 믿지 아니하는 악한 마음을 품고 살아 계신 하나님에게서 떨어질까 조심할 것이요

13 오직 오늘이라 일컫는 동안에 매일 피차 권면하여 너희 중에 누구든지 죄의 유혹으로 완고하게 되지 않도록 하라

14 우리가 시작할 때에 확신한 것을 끝까지 견고히 잡고 있으면 그리스도와 함께 참여한 자가 되리라

15 성경에 일렀으되 오늘 너희가 그의 음성을 듣거든 격노하시게 하던 것 같이 너희 마음을 완고하게 하지 말라 하였으니

16 듣고 격노하시게 하던 자가 누구냐 모세를 따라 애굽에서 나온 모든 사람이 아니냐

6

7

8

9

10

11

12

13

14

15

16

모세보다 우월하신 예수 그리스도

3장 1절-4장 13절

3장

17 또 하나님이 사십 년 동안 누구에게 노하셨느냐 그들의 시체가 광야에
엎드러진 범죄한 자들에게가 아니냐
18 또 하나님이 누구에게 맹세하사 그의 안식에 들어오지 못하리라 하셨
느냐 곧 순종하지 아니하던 자들에게가 아니냐
19 이로 보건대 그들이 믿지 아니하므로 능히 들어가지 못한 것이라

4장

1 그러므로 우리는 두려워할지니 그의 안식에 들어갈 약속이 남아 있을지
라도 너희 중에는 혹 이르지 못할 자가 있을까 함이라
2 그들과 같이 우리도 복음 전함을 받은 자이나 들은 바 그 말씀이 그들
에게 유익하지 못한 것은 듣는 자가 믿음과 결부시키지 아니함이라
3 이미 믿는 우리들은 저 안식에 들어가는도다 그가 말씀하신 바와 같으
니 내가 노하여 맹세한 바와 같이 그들이 내 안식에 들어오지 못하리라
하셨다 하였으나 세상을 창조할 때부터 그 일이 이루어졌느니라
4 제칠 일에 관하여는 어딘가에 이렇게 일렀으되 하나님은 제칠 일에 그
의 모든 일을 쉬셨다 하였으며
5 또 다시 거기에 그들이 내 안식에 들어오지 못하리라 하였으니
6 그러면 거기에 들어갈 자들이 남아 있거니와 복음 전함을 먼저 받은 자
들은 순종하지 아니함으로 말미암아 들어가지 못하였으므로
7 오랜 후에 다윗의 글에 다시 어느 날을 정하여 오늘이라고 미리 이같이
일렀으되 오늘 너희가 그의 음성을 듣거든 너희 마음을 완고하게 하지
말라 하였나니

17

18

19

[4장]

1

2

3

4

5

6

7

모세보다 우월하신 예수 그리스도

3장 1절-4장 13절

다른 제사장보다 우월하신 예수 그리스도

4장 14절-7장 28절

4장

8 만일 여호수아가 그들에게 안식을 주었더라면 그 후에 다른 날을 말씀
하지 아니하셨으리라
9 그런즉 안식할 때가 하나님의 백성에게 남아 있도다
10 이미 그의 안식에 들어간 자는 하나님이 자기의 일을 쉬심과 같이 그도
자기의 일을 쉬느니라
11 그러므로 우리가 저 안식에 들어가기를 힘쓸지니 이는 누구든지 저 순
종하지 아니하는 본에 빠지지 않게 하려 함이라
12 하나님의 말씀은 살아 있고 활력이 있어 좌우에 날선 어떤 검보다도 예
리하여 혼과 영과 및 관절과 골수를 찔러 쪼개기까지 하며 또 마음의
생각과 뜻을 판단하나니
13 지으신 것이 하나도 그 앞에 나타나지 않음이 없고 우리의 결산을 받으
실 이의 눈 앞에 만물이 벌거벗은 것 같이 드러나느니라

큰 대제사장이신 예수

14 그러므로 우리에게 큰 대제사장이 계시니 승천하신 이 곧 하나님의 아
들 예수시라 우리가 믿는 도리를 굳게 잡을지어다
15 우리에게 있는 대제사장은 우리의 연약함을 동정하지 못하실 이가 아니
요 모든 일에 우리와 똑같이 시험을 받으신 이로되 죄는 없으시니라
16 그러므로 우리는 긍휼하심을 받고 때를 따라 돕는 은혜를 얻기 위하여
은혜의 보좌 앞에 담대히 나아갈 것이니라

8

9

10

11

12

13

큰 대제사장이신 예수

14

15

16

다른 제사장보다 우월하신 예수 그리스도

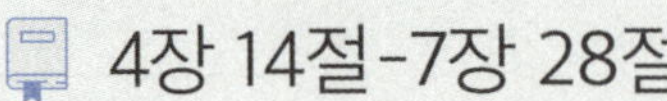
4장 14절-7장 28절

5장

1 대제사장마다 사람 가운데서 택한 자이므로 하나님께 속한 일에 사람을 위하여 예물과 속죄하는 제사를 드리게 하나니

2 그가 무식하고 미혹된 자를 능히 용납할 수 있는 것은 자기도 연약에 휩싸여 있음이라

3 그러므로 백성을 위하여 속죄제를 드림과 같이 또한 자신을 위하여도 드리는 것이 마땅하니라

4 이 존귀는 아무도 스스로 취하지 못하고 오직 아론과 같이 하나님의 부르심을 받은 자라야 할 것이니라

5 또한 이와 같이 그리스도께서 대제사장 되심도 스스로 영광을 취하심이 아니요 오직 말씀하신 이가 그에게 이르시되 너는 내 아들이니 내가 오늘 너를 낳았다 하셨고

6 또한 이와 같이 다른 데서 말씀하시되 네가 영원히 멜기세덱의 반차를 따르는 제사장이라 하셨으니

7 그는 육체에 계실 때에 자기를 죽음에서 능히 구원하실 이에게 심한 통곡과 눈물로 간구와 소원을 올렸고 그의 경건하심으로 말미암아 들으심을 얻었느니라

8 그가 아들이시면서도 받으신 고난으로 순종함을 배워서

9 온전하게 되셨은즉 자기에게 순종하는 모든 자에게 영원한 구원의 근원이 되시고

10 하나님께 멜기세덱의 반차를 따른 대제사장이라 칭하심을 받으셨느니라

[5장]

1

2

3

4

5

6

7

8

9

10

히브리서

다른 제사장보다 우월하신 예수 그리스도

4장 14절-7장 28절

5장

변절을 경계하다

11 멜기세덱에 관하여는 우리가 할 말이 많으나 너희가 듣는 것이 둔하므
로 설명하기 어려우니라
12 때가 오래 되었으므로 너희가 마땅히 선생이 되었을 터인데 너희가 다
시 하나님의 말씀의 초보에 대하여 누구에게서 가르침을 받아야 할 처
지이니 단단한 음식은 못 먹고 젖이나 먹어야 할 자가 되었도다
13 이는 젖을 먹는 자마다 어린 아이니 의의 말씀을 경험하지 못한 자요
14 단단한 음식은 장성한 자의 것이니 그들은 지각을 사용함으로 연단을
받아 선악을 분별하는 자들이니라

1 그러므로 우리가 그리스도의 도의 초보를 버리고 죽은 행실을 회개함
과 하나님께 대한 신앙과
2 침(세)례들과 안수와 죽은 자의 부활과 영원한 심판에 관한 교훈의 터
를 다시 닦지 말고 완전한 데로 나아갈지니라
3 하나님께서 허락하시면 우리가 이것을 하리라
4 한 번 빛을 받고 하늘의 은사를 맛보고 성령에 참여한 바 되고
5 하나님의 선한 말씀과 내세의 능력을 맛보고도
6 타락한 자들은 다시 새롭게 하여 회개하게 할 수 없나니 이는 그들이
하나님의 아들을 다시 십자가에 못 박아 드러내 놓고 욕되게 함이라
7 땅이 그 위에 자주 내리는 비를 흡수하여 밭 가는 자들이 쓰기에 합당
한 채소를 내면 하나님께 복을 받고

변절을 경계하다

11

12

13

14

[6장]

1

2

3

4

5

6

7

히브리서

다른 제사장보다 우월하신 예수 그리스도

 4장 14절-7장 28절

6장

8 만일 가시와 엉겅퀴를 내면 버림을 당하고 저주함에 가까워 그 마지막 은 불사름이 되리라

9 사랑하는 자들아 우리가 이같이 말하나 너희에게는 이보다 더 좋은 것 곧 구원에 속한 것이 있음을 확신하노라

10 하나님은 불의하지 아니하사 너희 행위와 그의 이름을 위하여 나타낸 사랑으로 이미 성도를 섬긴 것과 이제도 섬기고 있는 것을 잊어버리지 아니하시느니라

11 우리가 간절히 원하는 것은 너희 각 사람이 동일한 부지런함을 나타내어 끝까지 소망의 풍성함에 이르러

12 게으르지 아니하고 믿음과 오래 참음으로 말미암아 약속들을 기업으로 받는 자들을 본받는 자 되게 하려는 것이니라

하나님의 확실한 약속

13 하나님이 아브라함에게 약속하실 때에 가리켜 맹세할 자가 자기보다 더 큰 이가 없으므로 자기를 가리켜 맹세하여

14 이르시되 내가 반드시 너에게 복 주고 복 주며 너를 번성하게 하고 번성하게 하리라 하셨더니

15 그가 이같이 오래 참아 약속을 받았느니라

16 사람들은 자기보다 더 큰 자를 가리켜 맹세하나니 맹세는 그들이 다투는 모든 일의 최후 확정이니라

17 하나님은 약속을 기업으로 받는 자들에게 그 뜻이 변하지 아니함을 충분히 나타내시려고 그 일을 맹세로 보증하셨나니

8

9

10

11

12

하나님의 확실한 약속

13

14

15

16

17

히브리서

다른 제사장보다 우월하신 예수 그리스도

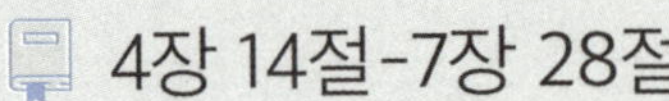
4장 14절-7장 28절

6장

18 이는 하나님이 거짓말을 하실 수 없는 이 두 가지 변하지 못할 사실로 말미암아 앞에 있는 소망을 얻으려고 피난처를 찾은 우리에게 큰 안위를 받게 하려 하심이라

19 우리가 이 소망을 가지고 있는 것은 영혼의 닻 같아서 튼튼하고 견고하여 휘장 안에 들어 가나니

20 그리로 앞서 가신 예수께서 멜기세덱의 반차를 따라 영원히 대제사장이 되어 우리를 위하여 들어가셨느니라

7장

멜기세덱

1 이 멜기세덱은 살렘 왕이요 지극히 높으신 하나님의 제사장이라 여러 왕을 쳐서 죽이고 돌아오는 아브라함을 만나 복을 빈 자라

2 아브라함이 모든 것의 십분의 일을 그에게 나누어 주니라 그 이름을 해석하면 먼저는 의의 왕이요 그 다음은 살렘 왕이니 곧 평강의 왕이요

3 아버지도 없고 어머니도 없고 족보도 없고 시작한 날도 없고 생명의 끝도 없어 하나님의 아들과 닮아서 항상 제사장으로 있느니라

4 이 사람이 얼마나 높은가를 생각해 보라 조상 아브라함도 노략물 중 십분의 일을 그에게 주었느니라

5 레위의 아들들 가운데 제사장의 직분을 받은 자들은 율법을 따라 아브라함의 허리에서 난 자라도 자기 형제인 백성에게서 십분의 일을 취하라는 명령을 받았으나

6 레위 족보에 들지 아니한 멜기세덱은 아브라함에게서 십분의 일을 취하고 약속을 받은 그를 위하여 복을 빌었나니

18

19

20

[7장] 멜기세덱

1

2

3

4

5

6

다른 제사장보다 우월하신 예수 그리스도

 4장 14절-7장 28절

7장

7 논란의 여지 없이 낮은 자가 높은 자에게서 축복을 받느니라
8 또 여기는 죽을 자들이 십분의 일을 받으나 저기는 산다고 증거를 얻은 자가 받았느니라
9 또한 십분의 일을 받는 레위도 아브라함으로 말미암아 십분의 일을 바쳤다고 할 수 있나니
10 이는 멜기세덱이 아브라함을 만날 때에 레위는 이미 자기 조상의 허리에 있었음이라
11 레위 계통의 제사 직분으로 말미암아 온전함을 얻을 수 있었으면 (백성이 그 아래에서 율법을 받았으니) 어찌하여 아론의 반차를 따르지 않고 멜기세덱의 반차를 따르는 다른 한 제사장을 세울 필요가 있느냐
12 제사 직분이 바꾸어졌은즉 율법도 반드시 바꾸어지리니
13 이것은 한 사람도 제단 일을 받들지 않는 다른 지파에 속한 자를 가리켜 말한 것이라
14 우리 주께서는 유다로부터 나신 것이 분명하도다 이 지파에는 모세가 제사장들에 관하여 말한 것이 하나도 없고
15 멜기세덱과 같은 별다른 한 제사장이 일어난 것을 보니 더욱 분명하도다
16 그는 육신에 속한 한 계명의 법을 따르지 아니하고 오직 불멸의 생명의 능력을 따라 되었으니
17 증언하기를 네가 영원히 멜기세덱의 반차를 따르는 제사장이라 하였도다
18 전에 있던 계명은 연약하고 무익하므로 폐하고

7

8

9

10

11

12

13

14

15

16

17

18

다른 제사장보다 우월하신 예수 그리스도

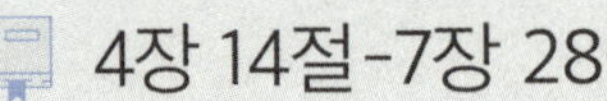

4장 14절-7장 28절

7장

19 (율법은 아무 것도 온전하게 못할지라) 이에 더 좋은 소망이 생기니 이것
으로 우리가 하나님께 가까이 가느니라
20 또 예수께서 제사장이 되신 것은 맹세 없이 된 것이 아니니
21 (그들은 맹세 없이 제사장이 되었으되 오직 예수는 자기에게 말씀하신
이로 말미암아 맹세로 되신 것이라 주께서 맹세하시고 뉘우치지 아니하
시리니 네가 영원히 제사장이라 하셨도다)
22 이와 같이 예수는 더 좋은 언약의 보증이 되셨느니라
23 제사장 된 그들의 수효가 많은 것은 죽음으로 말미암아 항상 있지 못함
이로되
24 예수는 영원히 계시므로 그 제사장 직분도 갈리지 아니하느니라
25 그러므로 자기를 힘입어 하나님께 나아가는 자들을 온전히 구원하실
수 있으니 이는 그가 항상 살아 계셔서 그들을 위하여 간구하심이라
26 이러한 대제사장은 우리에게 합당하니 거룩하고 악이 없고 더러움이 없
고 죄인에게서 떠나 계시고 하늘보다 높이 되신 이라
27 그는 저 대제사장들이 먼저 자기 죄를 위하고 다음에 백성의 죄를 위하
여 날마다 제사 드리는 것과 같이 할 필요가 없으니 이는 그가 단번에
자기를 드려 이루셨음이라
28 율법은 약점을 가진 사람들을 제사장으로 세웠거니와 율법 후에 하신
맹세의 말씀은 영원히 온전하게 되신 아들을 세우셨느니라

19

20

21

22

23

24

25

26

27

28

히브리서

옛 언약보다 우월하신 예수 그리스도

8장 1절-10장 39절

8장

새 언약의 대제사장

1 지금 우리가 하는 말의 요점은 이러한 대제사장이 우리에게 있다는 것이라 그는 하늘에서 지극히 크신 이의 보좌 우편에 앉으셨으니

2 성소와 참 장막에서 섬기는 이시라 이 장막은 주께서 세우신 것이요 사람이 세운 것이 아니니라

3 대제사장마다 예물과 제사 드림을 위하여 세운 자니 그러므로 그도 무엇인가 드릴 것이 있어야 할지니라

4 예수께서 만일 땅에 계셨더라면 제사장이 되지 아니하셨을 것이니 이는 율법을 따라 예물을 드리는 제사장이 있음이라

5 그들이 섬기는 것은 하늘에 있는 것의 모형과 그림자라 모세가 장막을 지으려 할 때에 지시하심을 얻음과 같으니 이르시되 삼가 모든 것을 산에서 네게 보이던 본을 따라 지으라 하셨느니라

6 그러나 이제 그는 더 아름다운 직분을 얻으셨으니 그는 더 좋은 약속으로 세우신 더 좋은 언약의 중보자시라

7 저 첫 언약이 무흠하였더라면 둘째 것을 요구할 일이 없었으려니와

8 그들의 잘못을 지적하여 말씀하시되 주께서 이르시되 볼지어다 날이 이르리니 내가 이스라엘 집과 유다 집과 더불어 새 언약을 맺으리라

9 또 주께서 이르시기를 이 언약은 내가 그들의 열조의 손을 잡고 애굽 땅에서 인도하여 내던 날에 그들과 맺은 언약과 같지 아니하도다 그들은 내 언약 안에 머물러 있지 아니하므로 내가 그들을 돌보지 아니하였노라

[8장] 새 언약의 대제사장

1

2

3

4

5

6

7

8

9

히브리서

옛 언약보다 우월하신 예수 그리스도

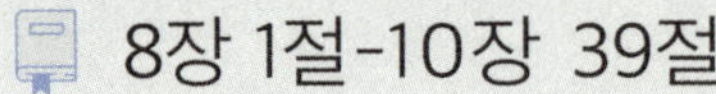
8장 1절-10장 39절

8장

10 또 주께서 이르시되 그 날 후에 내가 이스라엘 집과 맺을 언약은 이것이
니 내 법을 그들의 생각에 두고 그들의 마음에 이것을 기록하리라 나는
그들에게 하나님이 되고 그들은 내게 백성이 되리라
11 또 각각 자기 나라 사람과 각각 자기 형제를 가르쳐 이르기를 주를 알라
하지 아니할 것은 그들이 작은 자로부터 큰 자까지 다 나를 앎이라
12 내가 그들의 불의를 긍휼히 여기고 그들의 죄를 다시 기억하지 아니하
리라 하셨느니라
13 새 언약이라 말씀하셨으매 첫 것은 낡아지게 하신 것이니 낡아지고 쇠
하는 것은 없어져 가는 것이니라

9장

손으로 지은 성소와 온전한 성소

1 첫 언약에도 섬기는 예법과 세상에 속한 성소가 있더라
2 예비한 첫 장막이 있고 그 안에 등잔대와 상과 진설병이 있으니 이는 성
소라 일컫고
3 또 둘째 휘장 뒤에 있는 장막을 지성소라 일컫나니
4 금 향로와 사면을 금으로 싼 언약궤가 있고 그 안에 만나를 담은 금 항
아리와 아론의 싹난 지팡이와 언약의 돌판들이 있고
5 그 위에 속죄소를 덮는 영광의 그룹들이 있으니 이것들에 관하여는 이
제 낱낱이 말할 수 없노라
6 이 모든 것을 이같이 예비하였으니 제사장들이 항상 첫 장막에 들어가
섬기는 예식을 행하고
7 오직 둘째 장막은 대제사장이 홀로 일 년에 한 번 들어가되 자기와 백성
의 허물을 위하여 드리는 피 없이는 아니하나니

10

11

12

13

[9장] 손으로 지은 성소와 온전한 성소

1

2

3

4

5

6

7

옛 언약보다 우월하신 예수 그리스도

 8장 1절-10장 39절

9장

8 성령이 이로써 보이신 것은 첫 장막이 서 있을 동안에는 성소에 들어가
는 길이 아직 나타나지 아니한 것이라
9 이 장막은 현재까지의 비유니 이에 따라 드리는 예물과 제사는 섬기는
자를 그 양심상 온전하게 할 수 없나니
10 이런 것은 먹고 마시는 것과 여러 가지 씻는 것과 함께 육체의 예법일 뿐
이며 개혁할 때까지 맡겨 둔 것이니라
11 그리스도께서는 장래 좋은 일의 대제사장으로 오사 손으로 짓지 아니
한 것 곧 이 창조에 속하지 아니한 더 크고 온전한 장막으로 말미암아
12 염소와 송아지의 피로 하지 아니하고 오직 자기의 피로 영원한 속죄를
이루사 단번에 성소에 들어가셨느니라
13 염소와 황소의 피와 및 암송아지의 재를 부정한 자에게 뿌려 그 육체를
정결하게 하여 거룩하게 하거든
14 하물며 영원하신 성령으로 말미암아 흠 없는 자기를 하나님께 드린 그
리스도의 피가 어찌 너희 양심을 죽은 행실에서 깨끗하게 하고 살아 계
신 하나님을 섬기게 하지 못하겠느냐
15 이로 말미암아 그는 새 언약의 중보자시니 이는 첫 언약 때에 범한 죄에
서 속량하려고 죽으사 부르심을 입은 자로 하여금 영원한 기업의 약속
을 얻게 하려 하심이라
16 유언은 유언한 자가 죽어야 되나니
17 유언은 그 사람이 죽은 후에야 유효한즉 유언한 자가 살아 있는 동안에
는 효력이 없느니라
18 이러므로 첫 언약도 피 없이 세운 것이 아니니

8

9

10

11

12

13

14

15

16

17

18

옛 언약보다 우월하신 예수 그리스도

 8장 1절-10장 39절

9장

19 모세가 율법대로 모든 계명을 온 백성에게 말한 후에 송아지와 염소의
피 및 물과 붉은 양털과 우슬초를 취하여 그 두루마리와 온 백성에게
뿌리며
20 이르되 이는 하나님이 너희에게 명하신 언약의 피라 하고
21 또한 이와 같이 피를 장막과 섬기는 일에 쓰는 모든 그릇에 뿌렸느니라
22 율법을 따라 거의 모든 물건이 피로써 정결하게 되나니 피흘림이 없은
즉 사함이 없느니라

그리스도의 희생으로 이루어진 속죄

23 그러므로 하늘에 있는 것들의 모형은 이런 것들로써 정결하게 할 필요가
있었으나 하늘에 있는 그것들은 이런 것들보다 더 좋은 제물로 할지니라
24 그리스도께서는 참 것의 그림자인 손으로 만든 성소에 들어가지 아니하
시고 바로 그 하늘에 들어가사 이제 우리를 위하여 하나님 앞에 나타나
시고
25 대제사장이 해마다 다른 것의 피로써 성소에 들어가는 것 같이 자주 자
기를 드리려고 아니하실지니
26 그리하면 그가 세상을 창조한 때부터 자주 고난을 받았어야 할 것이로
되 이제 자기를 단번에 제물로 드려 죄를 없이 하시려고 세상 끝에 나타
나셨느니라
27 한 번 죽는 것은 사람에게 정해진 것이요 그 후에는 심판이 있으리니
28 이와 같이 그리스도도 많은 사람의 죄를 담당하시려고 단번에 드리신
바 되셨고 구원에 이르게 하기 위하여 죄와 상관 없이 자기를 바라는 자
들에게 두 번째 나타나시리라

19

20

21

22

그리스도의 희생으로 이루어진 속죄

23

24

25

26

27

28

히브리서

옛 언약보다 우월하신 예수 그리스도

 8장 1절-10장 39절

10장

1 율법은 장차 올 좋은 일의 그림자일 뿐이요 참 형상이 아니므로 해마다
늘 드리는 같은 제사로는 나아오는 자들을 언제나 온전하게 할 수 없느
니라
2 그렇지 아니하면 섬기는 자들이 단번에 정결하게 되어 다시 죄를 깨달
는 일이 없으리니 어찌 제사 드리는 일을 그치지 아니하였으리요
3 그러나 이 제사들에는 해마다 죄를 기억하게 하는 것이 있나니
4 이는 황소와 염소의 피가 능히 죄를 없이 하지 못함이라
5 그러므로 주께서 세상에 임하실 때에 이르시되 하나님이 제사와 예물
을 원하지 아니하시고 오직 나를 위하여 한 몸을 예비하셨도다
6 번제와 속죄제는 기뻐하지 아니하시나니
7 이에 내가 말하기를 하나님이여 보시옵소서 두루마리 책에 나를 가리
켜 기록된 것과 같이 하나님의 뜻을 행하러 왔나이다 하셨느니라
8 위에 말씀하시기를 주께서는 제사와 예물과 번제와 속죄제는 원하지도
아니하고 기뻐하지도 아니하신다 하셨고 (이는 다 율법을 따라 드리는
것이라)
9 그 후에 말씀하시기를 보시옵소서 내가 하나님의 뜻을 행하러 왔나이
다 하셨으니 그 첫째 것을 폐하심은 둘째 것을 세우려 하심이라
10 이 뜻을 따라 예수 그리스도의 몸을 단번에 드리심으로 말미암아 우리
가 거룩함을 얻었노라
11 제사장마다 매일 서서 섬기며 자주 같은 제사를 드리되 이 제사는 언제
나 죄를 없게 하지 못하거니와

[10장]

1

2

3

4

5

6

7

8

9

10

11

히브리서

옛 언약보다 우월하신 예수 그리스도

 8장 1절-10장 39절

10장

12 오직 그리스도는 죄를 위하여 한 영원한 제사를 드리시고 하나님 우편
에 앉으사
13 그 후에 자기 원수들을 자기 발등상이 되게 하실 때까지 기다리시나니
14 그가 거룩하게 된 자들을 한 번의 제사로 영원히 온전하게 하셨느니라
15 또한 성령이 우리에게 증언하시되
16 주께서 이르시되 그 날 후로는 그들과 맺을 언약이 이것이라 하시고 내
법을 그들의 마음에 두고 그들의 생각에 기록하리라 하신 후에
17 또 그들의 죄와 그들의 불법을 내가 다시 기억하지 아니하리라 하셨
으니
18 이것들을 사하셨은즉 다시 죄를 위하여 제사 드릴 것이 없느니라

소망을 굳게 잡으라

19 그러므로 형제들아 우리가 예수의 피를 힘입어 성소에 들어갈 담력을
얻었나니
20 그 길은 우리를 위하여 휘장 가운데로 열어 놓으신 새로운 살 길이요 휘
장은 곧 그의 육체니라
21 또 하나님의 집 다스리는 큰 제사장이 계시매
22 우리가 마음에 뿌림을 받아 악한 양심으로부터 벗어나고 몸은 맑은 물
로 씻음을 받았으니 참 마음과 온전한 믿음으로 하나님께 나아가자
23 또 약속하신 이는 미쁘시니 우리가 믿는 도리의 소망을 움직이지 말며
굳게 잡고
24 서로 돌아보아 사랑과 선행을 격려하며

12

13

14

15

16

17

18

소망을 굳게 잡으라

19

20

21

22

23

24

옛 언약보다 우월하신 예수 그리스도

 8장 1절-10장 39절

10장

25 모이기를 폐하는 어떤 사람들의 습관과 같이 하지 말고 오직 권하여 그 날이 가까움을 볼수록 더욱 그리하자
26 우리가 진리를 아는 지식을 받은 후 짐짓 죄를 범한즉 다시 속죄하는 제사가 없고
27 오직 무서운 마음으로 심판을 기다리는 것과 대적하는 자를 태울 맹렬한 불만 있으리라
28 모세의 법을 폐한 자도 두세 증인으로 말미암아 불쌍히 여김을 받지 못하고 죽었거든
29 하물며 하나님의 아들을 짓밟고 자기를 거룩하게 한 언약의 피를 부정한 것으로 여기고 은혜의 성령을 욕되게 하는 자가 당연히 받을 형벌은 얼마나 더 무겁겠느냐 너희는 생각하라
30 원수 갚는 것이 내게 있으니 내가 갚으리라 하시고 또 다시 주께서 그의 백성을 심판하리라 말씀하신 것을 우리가 아노니
31 살아 계신 하나님의 손에 빠져 들어가는 것이 무서울진저
32 전날에 너희가 빛을 받은 후에 고난의 큰 싸움을 견디어 낸 것을 생각하라
33 혹은 비방과 환난으로써 사람에게 구경거리가 되고 혹은 이런 형편에 있는 자들과 사귀는 자가 되었으니
34 너희가 갇힌 자를 동정하고 너희 소유를 빼앗기는 것도 기쁘게 당한 것은 더 낫고 영구한 소유가 있는 줄 앎이라
35 그러므로 너희 담대함을 버리지 말라 이것이 큰 상을 얻게 하느니라

25

26

27

28

29

30

31

32

33

34

35

히브리서

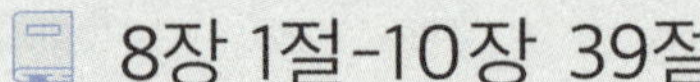

옛 언약보다 우월하신 예수 그리스도

8장 1절-10장 39절

믿음의 사람들

11장 1절-12장 29절

36 너희에게 인내가 필요함은 너희가 하나님의 뜻을 행한 후에 약속하신
것을 받기 위함이라
37 잠시 잠깐 후면 오실 이가 오시리니 지체하지 아니하시리라
38 나의 의인은 믿음으로 말미암아 살리라 또한 뒤로 물러가면 내 마음이
그를 기뻐하지 아니하리라 하셨느니라
39 우리는 뒤로 물러가 멸망할 자가 아니요 오직 영혼을 구원함에 이르는
믿음을 가진 자니라

11장

믿음

1 믿음은 바라는 것들의 실상이요 보이지 않는 것들의 증거니
2 선진들이 이로써 증거를 얻었느니라
3 믿음으로 모든 세계가 하나님의 말씀으로 지어진 줄을 우리가 아나니
보이는 것은 나타난 것으로 말미암아 된 것이 아니니라
4 믿음으로 아벨은 가인보다 더 나은 제사를 하나님께 드림으로 의로운
자라 하시는 증거를 얻었으니 하나님이 그 예물에 대하여 증언하심이라
그가 죽었으나 그 믿음으로써 지금도 말하느니라
5 믿음으로 에녹은 죽음을 보지 않고 옮겨졌으니 하나님이 그를 옮기심
으로 다시 보이지 아니하였느니라 그는 옮겨지기 전에 하나님을 기쁘시
게 하는 자라 하는 증거를 받았느니라
6 믿음이 없이는 하나님을 기쁘시게 하지 못하나니 하나님께 나아가는 자
는 반드시 그가 계신 것과 또한 그가 자기를 찾는 자들에게 상 주시는
이심을 믿어야 할지니라

36

37

38

39

믿음

1

2

3

4

5

6

믿음의 사람들

 11장 1절-12장 29절

11장

7 믿음으로 노아는 아직 보이지 않는 일에 경고하심을 받아 경외함으로
방주를 준비하여 그 집을 구원하였으니 이로 말미암아 세상을 정죄하
고 믿음을 따르는 의의 상속자가 되었느니라
8 믿음으로 아브라함은 부르심을 받았을 때에 순종하여 장래의 유업으로
받을 땅에 나아갈새 갈 바를 알지 못하고 나아갔으며
9 믿음으로 그가 이방의 땅에 있는 것 같이 약속의 땅에 거류하여 동일한
약속을 유업으로 함께 받은 이삭 및 야곱과 더불어 장막에 거하였으니
10 이는 그가 하나님이 계획하시고 지으실 터가 있는 성을 바랐음이라
11 믿음으로 사라 자신도 나이가 많아 단산하였으나 잉태할 수 있는 힘을
얻었으니 이는 약속하신 이를 미쁘신 줄 알았음이라
12 이러므로 죽은 자와 같은 한 사람으로 말미암아 하늘의 허다한 별과 또
해변의 무수한 모래와 같이 많은 후손이 생육하였느니라
13 이 사람들은 다 믿음을 따라 죽었으며 약속을 받지 못하였으되 그것
들을 멀리서 보고 환영하며 또 땅에서는 외국인과 나그네임을 증언하
였으니
14 그들이 이같이 말하는 것은 자기들이 본향 찾는 자임을 나타냄이라
15 그들이 나온 바 본향을 생각하였더라면 돌아갈 기회가 있었으려니와
16 그들이 이제는 더 나은 본향을 사모하니 곧 하늘에 있는 것이라 이러므
로 하나님이 그들의 하나님이라 일컬음 받으심을 부끄러워하지 아니하
시고 그들을 위하여 한 성을 예비하셨느니라
17 아브라함은 시험을 받을 때에 믿음으로 이삭을 드렸으니 그는 약속들
을 받은 자로되 그 외아들을 드렸느니라

7

8

9

10

11

12

13

14

15

16

17

믿음의 사람들

 11장 1절-12장 29절

11장

18 그에게 이미 말씀하시기를 네 자손이라 칭할 자는 이삭으로 말미암으리
라 하셨으니
19 그가 하나님이 능히 이삭을 죽은 자 가운데서 다시 살리실 줄로 생각한
지라 비유컨대 그를 죽은 자 가운데서 도로 받은 것이니라
20 믿음으로 이삭은 장차 있을 일에 대하여 야곱과 에서에게 축복하였
으며
21 믿음으로 야곱은 죽을 때에 요셉의 각 아들에게 축복하고 그 지팡이 머
리에 의지하여 경배하였으며
22 믿음으로 요셉은 임종시에 이스라엘 자손들이 떠날 것을 말하고 또 자
기 뼈를 위하여 명하였으며
23 믿음으로 모세가 났을 때에 그 부모가 아름다운 아이임을 보고 석 달
동안 숨겨 왕의 명령을 무서워하지 아니하였으며
24 믿음으로 모세는 장성하여 바로의 공주의 아들이라 칭함 받기를 거절
하고
25 도리어 하나님의 백성과 함께 고난 받기를 잠시 죄악의 낙을 누리는 것
보다 더 좋아하고
26 그리스도를 위하여 받는 수모를 애굽의 모든 보화보다 더 큰 재물로 여
겼으니 이는 상 주심을 바라봄이라
27 믿음으로 애굽을 떠나 왕의 노함을 무서워하지 아니하고 곧 보이지 아
니하는 자를 보는 것 같이 하여 참았으며
28 믿음으로 유월절과 피 뿌리는 예식을 정하였으니 이는 장자를 멸하는
자로 그들을 건드리지 않게 하려 한 것이며

18

19

20

21

22

23

24

25

26

27

28

믿음의 사람들

 11장 1절-12장 29절

11장

29 믿음으로 그들은 홍해를 육지 같이 건넜으나 애굽 사람들은 이것을 시
험하다가 빠져 죽었으며
30 믿음으로 칠 일 동안 여리고를 도니 성이 무너졌으며
31 믿음으로 기생 라합은 정탐꾼을 평안히 영접하였으므로 순종하지 아니
한 자와 함께 멸망하지 아니하였도다
32 내가 무슨 말을 더 하리요 기드온, 바락, 삼손, 입다, 다윗 및 사무엘과 선
지자들의 일을 말하려면 내게 시간이 부족하리로다
33 그들은 믿음으로 나라들을 이기기도 하며 의를 행하기도 하며 약속을
받기도 하며 사자들의 입을 막기도 하며
34 불의 세력을 멸하기도 하며 칼날을 피하기도 하며 연약한 가운데서 강
하게 되기도 하며 전쟁에 용감하게 되어 이방 사람들의 진을 물리치기
도 하며
35 여자들은 자기의 죽은 자들을 부활로 받아들이기도 하며 또 어떤 이들
은 더 좋은 부활을 얻고자 하여 심한 고문을 받되 구차히 풀려나기를
원하지 아니하였으며
36 또 어떤 이들은 조롱과 채찍질뿐 아니라 결박과 옥에 갇히는 시련도 받
았으며
37 돌로 치는 것과 톱으로 켜는 것과 시험과 칼로 죽임을 당하고 양과 염소
의 가죽을 입고 유리하여 궁핍과 환난과 학대를 받았으니
38 (이런 사람은 세상이 감당하지 못하느니라) 그들이 광야와 산과 동굴과
토굴에 유리하였느니라

29

30

31

32

33

34

35

36

37

38

믿음의 사람들

 11장 1절-12장 29절

11장

39 이 사람들은 다 믿음으로 말미암아 증거를 받았으나 약속된 것을 받지
못하였으니
40 이는 하나님이 우리를 위하여 더 좋은 것을 예비하셨은즉 우리가 아니
면 그들로 온전함을 이루지 못하게 하려 하심이라

12장

주께서 주시는 징계

1 이러므로 우리에게 구름 같이 둘러싼 허다한 증인들이 있으니 모든 무
거운 것과 얽매이기 쉬운 죄를 벗어 버리고 인내로써 우리 앞에 당한 경
주를 하며
2 믿음의 주요 또 온전하게 하시는 이인 예수를 바라보자 그는 그 앞에 있
는 기쁨을 위하여 십자가를 참으사 부끄러움을 개의치 아니하시더니
하나님 보좌 우편에 앉으셨느니라
3 너희가 피곤하여 낙심하지 않기 위하여 죄인들이 이같이 자기에게 거역
한 일을 참으신 이를 생각하라
4 너희가 죄와 싸우되 아직 피흘리기까지는 대항하지 아니하고
5 또 아들들에게 권하는 것 같이 너희에게 권면하신 말씀도 잊었도다 일
렀으되 내 아들아 주의 징계하심을 경히 여기지 말며 그에게 꾸지람을
받을 때에 낙심하지 말라
6 주께서 그 사랑하시는 자를 징계하시고 그가 받아들이시는 아들마다
채찍질하심이라 하였으니
7 너희가 참음은 징계를 받기 위함이라 하나님이 아들과 같이 너희를 대
우하시나니 어찌 아버지가 징계하지 않는 아들이 있으리요
8 징계는 다 받는 것이거늘 너희에게 없으면 사생자요 친아들이 아니니라

39

40

[12장] 주께서 주시는 징계

1

2

3

4

5

6

7

8

믿음의 사람들

 11장 1절-12장 29절

12장

9 또 우리 육신의 아버지가 우리를 징계하여도 공경하였거든 하물며 모든
영의 아버지께 더욱 복종하며 살려 하지 않겠느냐
10 그들은 잠시 자기의 뜻대로 우리를 징계하였거니와 오직 하나님은 우리
의 유익을 위하여 그의 거룩하심에 참여하게 하시느니라
11 무릇 징계가 당시에는 즐거워 보이지 않고 슬퍼 보이나 후에 그로 말미
암아 연단 받은 자들은 의와 평강의 열매를 맺느니라
12 그러므로 피곤한 손과 연약한 무릎을 일으켜 세우고
13 너희 발을 위하여 곧은 길을 만들어 저는 다리로 하여금 어그러지지 않
고 고침을 받게 하라

하나님의 은혜를 거역한 자들에게 주는 경고

14 모든 사람과 더불어 화평함과 거룩함을 따르라 이것이 없이는 아무도
주를 보지 못하리라
15 너희는 하나님의 은혜에 이르지 못하는 자가 없도록 하고 또 쓴 뿌리가
나서 괴롭게 하여 많은 사람이 이로 말미암아 더럽게 되지 않게 하며
16 음행하는 자와 혹 한 그릇 음식을 위하여 장자의 명분을 판 에서와 같
이 망령된 자가 없도록 살피라
17 너희가 아는 바와 같이 그가 그 후에 축복을 이어받으려고 눈물을 흘리
며 구하되 버린 바가 되어 회개할 기회를 얻지 못하였느니라
18 너희는 만질 수 있고 불이 붙는 산과 침침함과 흑암과 폭풍과
19 나팔 소리와 말하는 소리가 있는 곳에 이른 것이 아니라 그 소리를 듣
는 자들은 더 말씀하지 아니하시기를 구하였으니

9

10

11

12

13

하나님의 은혜를 거역한 자들에게 주는 경고

14

15

16

17

18

19

믿음의 사람들

 11장 1절-12장 29절

12장

20 이는 짐승이라도 그 산에 들어가면 돌로 침을 당하리라 하신 명령을 그
들이 견디지 못함이라
21 그 보이는 바가 이렇듯 무섭기로 모세도 이르되 내가 심히 두렵고 떨린
다 하였느니라
22 그러나 너희가 이른 곳은 시온 산과 살아 계신 하나님의 도성인 하늘의
예루살렘과 천만 천사와
23 하늘에 기록된 장자들의 모임과 교회와 만민의 심판자이신 하나님과
및 온전하게 된 의인의 영들과
24 새 언약의 중보자이신 예수와 및 아벨의 피보다 더 나은 것을 말하는
뿌린 피니라
25 너희는 삼가 말씀하신 이를 거역하지 말라 땅에서 경고하신 이를 거역
한 그들이 피하지 못하였거든 하물며 하늘로부터 경고하신 이를 배반
하는 우리일까보냐
26 그 때에는 그 소리가 땅을 진동하였거니와 이제는 약속하여 이르시되
내가 또 한 번 땅만 아니라 하늘도 진동하리라 하셨느니라
27 이 또 한 번이라 하심은 진동하지 아니하는 것을 영존하게 하기 위하여
진동할 것들 곧 만드신 것들이 변동될 것을 나타내심이라
28 그러므로 우리가 흔들리지 않는 나라를 받았은즉 은혜를 받자 이로 말
미암아 경건함과 두려움으로 하나님을 기쁘시게 섬길지니
29 우리 하나님은 소멸하는 불이심이라

20

21

22

23

24

25

26

27

28

29

권면과 맺음말

 13장 1-25절

13장

하나님이 기뻐하시는 제사

1 형제 사랑하기를 계속하고

2 손님 대접하기를 잊지 말라 이로써 부지중에 천사들을 대접한 이들이 있었느니라

3 너희도 함께 갇힌 것 같이 갇힌 자를 생각하고 너희도 몸을 가졌은즉 학대 받는 자를 생각하라

4 모든 사람은 결혼을 귀히 여기고 침소를 더럽히지 않게 하라 음행하는 자들과 간음하는 자들을 하나님이 심판하시리라

5 돈을 사랑하지 말고 있는 바를 족한 줄로 알라 그가 친히 말씀하시기를 내가 결코 너희를 버리지 아니하고 너희를 떠나지 아니하리라 하셨느니라

6 그러므로 우리가 담대히 말하되 주는 나를 돕는 이시니 내가 무서워하지 아니하겠노라 사람이 내게 어찌하리요 하노라

7 하나님의 말씀을 너희에게 일러 주고 너희를 인도하던 자들을 생각하며 그들의 행실의 결말을 주의하여 보고 그들의 믿음을 본받으라

8 예수 그리스도는 어제나 오늘이나 영원토록 동일하시니라

9 여러 가지 다른 교훈에 끌리지 말라 마음은 은혜로써 굳게 함이 아름답고 음식으로써 할 것이 아니니 음식으로 말미암아 행한 자는 유익을 얻지 못하였느니라

10 우리에게 제단이 있는데 장막에서 섬기는 자들은 그 제단에서 먹을 권한이 없나니

11 이는 죄를 위한 짐승의 피는 대제사장이 가지고 성소에 들어가고 그 육체는 영문 밖에서 불사름이라

[13장] 하나님이 기뻐하시는 제사

1

2

3

4

5

6

7

8

9

10

11

권면과 맺음말

 13장 1-25절

13장

12 그러므로 예수도 자기 피로써 백성을 거룩하게 하려고 성문 밖에서 고
난을 받으셨느니라
13 그런즉 우리도 그의 치욕을 짊어지고 영문 밖으로 그에게 나아가자
14 우리가 여기에는 영구한 도성이 없으므로 장차 올 것을 찾나니
15 그러므로 우리는 예수로 말미암아 항상 찬송의 제사를 하나님께 드리
자 이는 그 이름을 증언하는 입술의 열매니라
16 오직 선을 행함과 서로 나누어 주기를 잊지 말라 하나님은 이같은 제사
를 기뻐하시느니라
17 너희를 인도하는 자들에게 순종하고 복종하라 그들은 너희 영혼을 위
하여 경성하기를 자신들이 청산할 자인 것 같이 하느니라 그들로 하여
금 즐거움으로 이것을 하게 하고 근심으로 하게 하지 말라 그렇지 않으
면 너희에게 유익이 없느니라
18 우리를 위하여 기도하라 우리가 모든 일에 선하게 행하려 하므로 우리
에게 선한 양심이 있는 줄을 확신하노니
19 내가 더 속히 너희에게 돌아가기 위하여 너희가 기도하기를 더욱 원하
노라

축복과 끝 인사

20 양들의 큰 목자이신 우리 주 예수를 영원한 언약의 피로 죽은 자 가운
데서 이끌어 내신 평강의 하나님이

12

13

14

15

16

17

18

19

축복과 끝 인사

20

권면과 맺음말

 13장 1-25절

13장

21 모든 선한 일에 너희를 온전하게 하사 자기 뜻을 행하게 하시고 그 앞에 즐거운 것을 예수 그리스도로 말미암아 우리 가운데서 이루시기를 원하노라 영광이 그에게 세세무궁토록 있을지어다 아멘

22 형제들아 내가 너희를 권하노니 권면의 말을 용납하라 내가 간단히 너희에게 썼느니라

23 우리 형제 디모데가 놓인 것을 너희가 알라 그가 속히 오면 내가 그와 함께 가서 너희를 보리라

24 너희를 인도하는 자들과 및 모든 성도들에게 문안하라 이달리야에서 온 자들도 너희에게 문안하느니라

25 은혜가 너희 모든 사람에게 있을지어다.

21

22

23

24

25

[기도와 묵상]

1. 인사말(1:1)

2. 시련과 시험(1:2-18)

3. 말씀의 경청과 행함(1:19-27)

4. 사회적인 차별을 금지(2:1-13)

5. 믿음과 행함(2:14-26)

6. 혀의 절제(3:1-12)

7. 참 지혜와 거짓 지혜(3:13-18)

8. 세속성에 대한 경고(4:1-17)

9. 압제하는 무리들을 경고(5:1-6)

10. 권고(5:7-20)

야고보서

인사말

 1장 1절

시련과 시험

 1장 2-18절

1장

인사

1 하나님과 주 예수 그리스도의 종 야고보는 흩어져 있는 열두 지파에게 문안하노라

믿음과 지혜

2 내 형제들아 너희가 여러 가지 시험을 당하거든 온전히 기쁘게 여기라
3 이는 너희 믿음의 시련이 인내를 만들어 내는 줄 너희가 앎이라
4 인내를 온전히 이루라 이는 너희로 온전하고 구비하여 조금도 부족함이 없게 하려 함이라
5 너희 중에 누구든지 지혜가 부족하거든 모든 사람에게 후히 주시고 꾸짖지 아니하시는 하나님께 구하라 그리하면 주시리라
6 오직 믿음으로 구하고 조금도 의심하지 말라 의심하는 자는 마치 바람에 밀려 요동하는 바다 물결 같으니
7 이런 사람은 무엇이든지 주께 얻기를 생각하지 말라
8 두 마음을 품어 모든 일에 정함이 없는 자로다

낮은 형제, 부한 자

9 낮은 형제는 자기의 높음을 자랑하고
10 부한 자는 자기의 낮아짐을 자랑할지니 이는 그가 풀의 꽃과 같이 지나감이라
11 해가 돋고 뜨거운 바람이 불어 풀을 말리면 꽃이 떨어져 그 모양의 아름다움이 없어지나니 부한 자도 그 행하는 일에 이와 같이 쇠잔하리라

[1장] 인사

1

믿음과 지혜

2

3

4

5

6

7

8

낮은 형제, 부한 자

9

10

11

야고보서

시련과 시험

 1장 2-18절

말씀의 경청과 행함

 1장 19-27절

1장

시험에 견디어 낸 자

12 시험을 참는 자는 복이 있나니 이는 시련을 견디어 낸 자가 주께서 자기
를 사랑하는 자들에게 약속하신 생명의 면류관을 얻을 것이기 때문이라
13 사람이 시험을 받을 때에 내가 하나님께 시험을 받는다 하지 말지니 하
나님은 악에게 시험을 받지도 아니하시고 친히 아무도 시험하지 아니하
시느니라
14 오직 각 사람이 시험을 받는 것은 자기 욕심에 끌려 미혹됨이니
15 욕심이 잉태한즉 죄를 낳고 죄가 장성한즉 사망을 낳느니라
16 내 사랑하는 형제들아 속지 말라
17 온갖 좋은 은사와 온전한 선물이 다 위로부터 빛들의 아버지께로부터
내려오나니 그는 변함도 없으시고 회전하는 그림자도 없으시니라
18 그가 그 피조물 중에 우리로 한 첫 열매가 되게 하시려고 자기의 뜻을
따라 진리의 말씀으로 우리를 낳으셨느니라

말씀을 들음과 행함

19 내 사랑하는 형제들아 너희가 알지니 사람마다 듣기는 속히 하고 말하
기는 더디 하며 성내기도 더디 하라
20 사람이 성내는 것이 하나님의 의를 이루지 못함이라
21 그러므로 모든 더러운 것과 넘치는 악을 내버리고 너희 영혼을 능히 구
원할 바 마음에 심어진 말씀을 온유함으로 받으라
22 너희는 말씀을 행하는 자가 되고 듣기만 하여 자신을 속이는 자가 되지
말라

시험에 견디어 낸 자

12

13

14
15
16
17

18

말씀을 들음과 행함

19

20
21

22

말씀의 경청과 행함

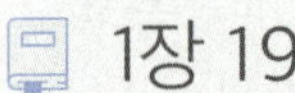 1장 19-27절

사회적인 차별을 금지

 2장 1-13절

1장

23 누구든지 말씀을 듣고 행하지 아니하면 그는 거울로 자기의 생긴 얼굴을 보는 사람과 같아서
24 제 자신을 보고 가서 그 모습이 어떠했는지를 곧 잊어버리거니와
25 자유롭게 하는 온전한 율법을 들여다보고 있는 자는 듣고 잊어버리는 자가 아니요 실천하는 자니 이 사람은 그 행하는 일에 복을 받으리라
26 누구든지 스스로 경건하다 생각하며 자기 혀를 재갈 물리지 아니하고 자기 마음을 속이면 이 사람의 경건은 헛것이라
27 하나님 아버지 앞에서 정결하고 더러움이 없는 경건은 곧 고아와 과부를 그 환난중에 돌보고 또 자기를 지켜 세속에 물들지 아니하는 그것이니라

2장

차별하여 대하지 말라

1 내 형제들아 영광의 주 곧 우리 주 예수 그리스도에 대한 믿음을 너희가 가졌으니 사람을 차별하여 대하지 말라
2 만일 너희 회당에 금 가락지를 끼고 아름다운 옷을 입은 사람이 들어오고 또 남루한 옷을 입은 가난한 사람이 들어올 때에
3 너희가 아름다운 옷을 입은 자를 눈여겨 보고 말하되 여기 좋은 자리에 앉으소서 하고 또 가난한 자에게 말하되 너는 거기 서 있든지 내 발등상 아래에 앉으라 하면
4 너희끼리 서로 차별하며 악한 생각으로 판단하는 자가 되는 것이 아니냐
5 내 사랑하는 형제들아 들을지어다 하나님이 세상에서 가난한 자를 택하사 믿음에 부요하게 하시고 또 자기를 사랑하는 자들에게 약속하신 나라를 상속으로 받게 하지 아니하셨느냐

23

24

25

26

27

[2장] 차별하여 대하지 말라

1

2

3

4

5

사회적인 차별을 금지

2장 1-13절

믿음과 행함

2장 14-26절

2장

6 너희는 도리어 가난한 자를 업신여겼도다 부자는 너희를 억압하며 법정
으로 끌고 가지 아니하느냐
7 그들은 너희에게 대하여 일컫는 바 그 아름다운 이름을 비방하지 아니
하느냐
8 너희가 만일 성경에 기록된 대로 ㄱ)네 이웃 사랑하기를 네 몸과 같이
하라 하신 최고의 법을 지키면 잘하는 것이거니와
9 만일 너희가 사람을 차별하여 대하면 죄를 짓는 것이니 율법이 너희를
범법자로 정죄하리라
10 누구든지 온 율법을 지키다가 그 하나를 범하면 모두 범한 자가 되나니
11 간음하지 말라 하신 이가 또한 살인하지 말라 하셨은즉 네가 비록 간음
하지 아니하여도 살인하면 율법을 범한 자가 되느니라
12 너희는 자유의 율법대로 심판 받을 자처럼 말도 하고 행하기도 하라
13 긍휼을 행하지 아니하는 자에게는 긍휼 없는 심판이 있으리라 긍휼은
심판을 이기고 자랑하느니라

행함이 없는 믿음은 죽은 것

14 내 형제들아 만일 사람이 믿음이 있노라 하고 행함이 없으면 무슨 유익
이 있으리요 그 믿음이 능히 자기를 구원하겠느냐
15 만일 형제나 자매가 헐벗고 일용할 양식이 없는데
16 너희 중에 누구든지 그에게 이르되 평안히 가라, 덥게 하라, 배부르게
하라 하며 그 몸에 쓸 것을 주지 아니하면 무슨 유익이 있으리요
17 이와 같이 행함이 없는 믿음은 그 자체가 죽은 것이라

6

7

8

9

10

11

12

13

행함이 없는 믿음은 죽은 것

14

15

16

17

야고보서

믿음과 행함

2장 14-26절

혀의 절제

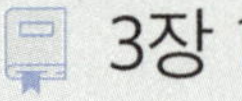
3장 1-12절

2장

18 어떤 사람은 말하기를 너는 믿음이 있고 나는 행함이 있으니 행함이 없는 네 믿음을 내게 보이라 나는 행함으로 내 믿음을 네게 보이리라 하리라

19 네가 하나님은 한 분이신 줄을 믿느냐 잘하는도다 귀신들도 믿고 떠느니라

20 아아 허탄한 사람아 행함이 없는 믿음이 헛것인 줄을 알고자 하느냐

21 우리 조상 아브라함이 그 아들 이삭을 제단에 바칠 때에 행함으로 의롭다 하심을 받은 것이 아니냐

22 네가 보거니와 믿음이 그의 행함과 함께 일하고 행함으로 믿음이 온전하게 되었느니라

23 이에 성경에 이른 바 아브라함이 하나님을 믿으니 이것을 의로 여기셨다는 말씀이 이루어졌고 그는 하나님의 벗이라 칭함을 받았나니

24 이로 보건대 사람이 행함으로 의롭다 하심을 받고 믿음으로만은 아니니라

25 또 이와 같이 기생 라합이 사자들을 접대하여 다른 길로 나가게 할 때에 행함으로 의롭다 하심을 받은 것이 아니냐

26 영혼 없는 몸이 죽은 것 같이 행함이 없는 믿음은 죽은 것이니라

3장

말에 실수가 없도록 하라

1 내 형제들아 너희는 선생된 우리가 더 큰 심판을 받을 줄 알고 선생이 많이 되지 말라

2 우리가 다 실수가 많으니 만일 말에 실수가 없는 자라면 곧 온전한 사람이라 능히 온 몸도 굴레 씌우리라

18

19

20

21

22

23

24

25

26

[3장] 말에 실수가 없도록 하라

1

2

혀의 절제

 3장 1-12절

참 지혜와 거짓 지혜

 3장 13-18절

3장

3 우리가 말들의 입에 재갈 물리는 것은 우리에게 순종하게 하려고 그 온 몸을 제어하는 것이라

4 또 배를 보라 그렇게 크고 광풍에 밀려가는 것들을 지극히 작은 키로써 사공의 뜻대로 운행하나니

5 이와 같이 혀도 작은 지체로되 큰 것을 자랑하도다 보라 얼마나 작은 불이 얼마나 많은 나무를 태우는가

6 혀는 곧 불이요 불의의 세계라 혀는 우리 지체 중에서 온 몸을 더럽히고 삶의 수레바퀴를 불사르나니 그 사르는 것이 지옥 불에서 나느니라

7 여러 종류의 짐승과 새와 벌레와 바다의 생물은 다 사람이 길들일 수 있고 길들여 왔거니와

8 혀는 능히 길들일 사람이 없나니 쉬지 아니하는 악이요 죽이는 독이 가득한 것이라

9 이것으로 우리가 주 아버지를 찬송하고 또 이것으로 하나님의 형상대로 지음을 받은 사람을 저주하나니

10 한 입에서 찬송과 저주가 나오는도다 내 형제들아 이것이 마땅하지 아니하니라

11 샘이 한 구멍으로 어찌 단 물과 쓴 물을 내겠느냐

12 내 형제들아 어찌 무화과나무가 감람 열매를, 포도나무가 무화과를 맺겠느냐 이와 같이 짠 물이 단 물을 내지 못하느니라

위로부터 난 지혜

13 너희 중에 지혜와 총명이 있는 자가 누구냐 그는 선행으로 말미암아 지혜의 온유함으로 그 행함을 보일지니라

3

4

5

6

7

8

9

10

11

12

위로부터 난 지혜

13

야고보서

참 지혜와 거짓 지혜

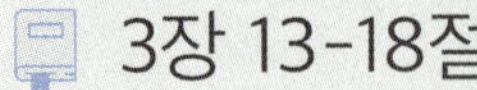
3장 13-18절

세속성에 대한 경고

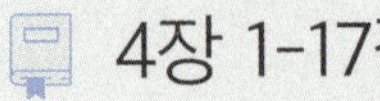
4장 1-17절

3장

14 그러나 너희 마음 속에 독한 시기와 다툼이 있으면 자랑하지 말라 진리
를 거슬러 거짓말하지 말라
15 이러한 지혜는 위로부터 내려온 것이 아니요 땅 위의 것이요 정욕의 것
이요 귀신의 것이니
16 시기와 다툼이 있는 곳에는 혼란과 모든 악한 일이 있음이라
17 오직 위로부터 난 지혜는 첫째 성결하고 다음에 화평하고 관용하고 양
순하며 긍휼과 선한 열매가 가득하고 편견과 거짓이 없나니
18 화평하게 하는 자들은 화평으로 심어 의의 열매를 거두느니라

4장

세상과 벗하지 말라

1 너희 중에 싸움이 어디로부터 다툼이 어디로부터 나느냐 너희 지체 중
에서 싸우는 정욕으로부터 나는 것이 아니냐
2 너희는 욕심을 내어도 얻지 못하여 살인하며 시기하여도 능히 취하지
못하므로 다투고 싸우는도다 너희가 얻지 못함은 구하지 아니하기 때문
이요
3 구하여도 받지 못함은 정욕으로 쓰려고 잘못 구하기 때문이라
4 간음한 여인들아 세상과 벗된 것이 하나님과 원수 됨을 알지 못하느냐
그런즉 누구든지 세상과 벗이 되고자 하는 자는 스스로 하나님과 원수
되는 것이니라
5 너희는 하나님이 우리 속에 거하게 하신 성령이 시기하기까지 사모한다
하신 말씀을 헛된 줄로 생각하느냐
6 그러나 더욱 큰 은혜를 주시나니 그러므로 일렀으되 하나님이 교만한
자를 물리치시고 겸손한 자에게 은혜를 주신다 하였느니라

14

15

16
17

18

[4장] 세상과 벗하지 말라

1

2

3
4

5

6

야고보서

세속성에 대한 경고

 4장 1-17절

4장

7 그런즉 너희는 하나님께 복종할지어다 마귀를 대적하라 그리하면 너희
를 피하리라
8 하나님을 가까이하라 그리하면 너희를 가까이하시리라 죄인들아 손을
깨끗이 하라 두 마음을 품은 자들아 마음을 성결하게 하라
9 슬퍼하며 애통하며 울지어다 너희 웃음을 애통으로, 너희 즐거움을 근
심으로 바꿀지어다
10 주 앞에서 낮추라 그리하면 주께서 너희를 높이시리라

서로 비방하지 말라

11 형제들아 서로 비방하지 말라 형제를 비방하는 자나 형제를 판단하는
자는 곧 율법을 비방하고 율법을 판단하는 것이라 네가 만일 율법을 판
단하면 율법의 준행자가 아니요 재판관이로다
12 입법자와 재판관은 오직 한 분이시니 능히 구원하기도 하시며 멸하기도
하시느니라 너는 누구이기에 이웃을 판단하느냐

허탄한 생각을 경고하다

13 들으라 너희 중에 말하기를 오늘이나 내일이나 우리가 어떤 도시에 가
서 거기서 일 년을 머물며 장사하여 이익을 보리라 하는 자들아
14 내일 일을 너희가 알지 못하는도다 너희 생명이 무엇이냐 너희는 잠깐
보이다가 없어지는 안개니라
15 너희가 도리어 말하기를 주의 뜻이면 우리가 살기도 하고 이것이나 저것
을 하리라 할 것이거늘
16 이제도 너희가 허탄한 자랑을 하니 그러한 자랑은 다 악한 것이라
17 그러므로 사람이 선을 행할 줄 알고도 행하지 아니하면 죄니라

7

8

9

10

서로 비방하지 말라

11

12

허탄한 생각을 경고하다

13

14

15

16

17

압제하는 무리들을 경고

5장 1-6절

권고

5장 7-20절

5장

부한 자에게 주는 경고

1 들으라 부한 자들아 너희에게 임할 고생으로 말미암아 울고 통곡하라
2 너희 재물은 썩었고 너희 옷은 좀먹었으며
3 너희 금과 은은 녹이 슬었으니 이 녹이 너희에게 증거가 되며 불 같이
너희 살을 먹으리라 너희가 말세에 재물을 쌓았도다
4 보라 너희 밭에서 추수한 품꾼에게 주지 아니한 삯이 소리 지르며 그
추수한 자의 우는 소리가 만군의 주의 귀에 들렸느니라
5 너희가 땅에서 사치하고 방종하여 살륙의 날에 너희 마음을 살찌게 하
였도다
6 너희는 의인을 정죄하고 죽였으나 그는 너희에게 대항하지 아니하였느
니라

인내와 기도

7 그러므로 형제들아 주께서 강림하시기까지 길이 참으라 보라 농부가 땅
에서 나는 귀한 열매를 바라고 길이 참아 이른 비와 늦은 비를 기다리
나니
8 너희도 길이 참고 마음을 굳건하게 하라 주의 강림이 가까우니라
9 형제들아 서로 원망하지 말라 그리하여야 심판을 면하리라 보라 심판
주가 문 밖에 서 계시니라
10 형제들아 주의 이름으로 말한 선지자들을 고난과 오래 참음의 본으로
삼으라

[5장] 부한 자에게 주는 경고

1

2

3

4

5

6

인내와 기도

7

8

9

10

권고

5장 7-20절

5장

11 보라 인내하는 자를 우리가 복되다 하나니 너희가 욥의 인내를 들었고
주께서 주신 결말을 보았거니와 주는 가장 자비하시고 긍휼히 여기시는
이시니라
12 내 형제들아 무엇보다도 맹세하지 말지니 하늘로나 땅으로나 아무 다른
것으로도 맹세하지 말고 오직 너희가 그렇다고 생각하는 것은 그렇다
하고 아니라고 생각하는 것은 아니라 하여 정죄 받음을 면하라
13 너희 중에 고난 당하는 자가 있느냐 그는 기도할 것이요 즐거워하는 자
가 있느냐 그는 찬송할지니라
14 너희 중에 병든 자가 있느냐 그는 교회의 장로들을 청할 것이요 그들은
주의 이름으로 기름을 바르며 그를 위하여 기도할지니라
15 믿음의 기도는 병든 자를 구원하리니 주께서 그를 일으키시리라 혹시
죄를 범하였을지라도 사하심을 받으리라
16 그러므로 너희 죄를 서로 고백하며 병이 낫기를 위하여 서로 기도하라
의인의 간구는 역사하는 힘이 큼이니라
17 엘리야는 우리와 성정이 같은 사람이로되 그가 비가 오지 않기를 간절
히 기도한즉 삼 년 육 개월 동안 땅에 비가 오지 아니하고
18 다시 기도하니 하늘이 비를 주고 땅이 열매를 맺었느니라
19 내 형제들아 너희 중에 미혹되어 진리를 떠난 자를 누가 돌아서게
하면
20 너희가 알 것은 죄인을 미혹된 길에서 돌아서게 하는 자가 그의 영혼을
사망에서 구원할 것이며 허다한 죄를 덮을 것임이라

11

12

13

14

15

16

17

18

19

20

손끝에서 피어나는
교회 섬김과 믿음에 관한 이야기

바울서신과 일반서신(I) 따라쓰기

데살로니가전후서, 디모데전후서
디도서, 히브리서, 야고보서
Hand Copying Scriptures

초판 1쇄 발행 2022년 12월 30일

발행인 김용성
기획·편집 출판사역팀
디자인 이명애
제 작 정준용
보 급 김동용, 이대성

펴낸곳 요단출판사
등 록 1973. 8. 23. 제13-10호
주 소 07238 서울특별시 영등포구 국회대로 76길 10
기 획 (02)2643-9155
구 입 (02)2643-7290~1 Fax (02)2643-1877

값 14,000원
ISBN 978-89-350-1966-3 03230

십계명

The Ten Commandments

하나님이 이 모든 말씀으로 말씀하여 이르시되
나는 너를 애굽 땅, 종 되었던 집에서 인도하여 낸 네 하나님 여호와니라

제일은, **너는 나 외에는 다른 신들을 네게 두지 말라**

제이는, **너를 위하여 새긴 우상을 만들지 말고 또 위로 하늘에 있는 것이나 아래로 땅에 있는 것이나 땅 아래 물 속에 있는 것의 어떤 형상도 만들지 말며 그것들에게 절하지 말며 그것들을 섬기지 말라**
나 네 하나님 여호와는 질투하는 하나님인즉 나를 미워하는 자의 죄를 갚되 아버지로부터 아들에게로 삼사 대까지 이르게 하거니와 나를 사랑하고 내 계명을 지키는 자에게는 천 대까지 은혜를 베푸느니라

제삼은, **너는 네 하나님 여호와의 이름을 망령되게 부르지 말라**
여호와는 그의 이름을 망령되게 부르는 자를 죄 없다 하지 아니하리라

제사는, **안식일을 기억하여 거룩하게 지키라**
엿새 동안은 힘써 네 모든 일을 행할 것이나 일곱째 날은 네 하나님 여호와의 안식일인즉 너나 네 아들이나 네 딸이나 네 남종이나 네 여종이나 네 가축이나 네 문안에 머무는 객이라도 아무 일도 하지 말라 이는 엿새 동안에 나 여호와가 하늘과 땅과 바다와 그 가운데 모든 것을 만들고 일곱째 날에 쉬었음이라 그러므로 나 여호와가 안식일을 복되게 하여 그 날을 거룩하게 하였느니라